공부톡 인생톡

개정판 1쇄 발행 2022년 7월 21일
      6쇄 발행 2024년 12월 9일

지은이	오대교, 황선찬
펴낸이	북작
편집	북작
디자인	이재호 디자인
펴낸곳	도서출판 좋은땅
주소	서울특별시 마포구 양화로12길 26 지월드빌딩 (서교동 395-7) (주)좋은땅 B1, 3F~5F
전화	02)374-8616~7
팩스	02)374-8614
이메일	gworldbook@naver.com
홈페이지	www.g-world.co.kr
ISBN	979-11-388-1064-7(03370)

공부와 인생이 재미있어지는
64가지 이유

공부톡
인생톡

LIFE & STUDY

오대교·황선찬 지음

BOOK
JAAK

"수능시험을 10번이나 응시하셨다면서요?"
"선생님 부모님은 그 오랜 시간을 어떻게 기다려 주셨나요?"

솔직히 나는 고등학교 시절에는 공부를 못했다. 하지만 지금은 수능 전문가로 강의와 컨설팅을 하며 학생들이 꿈을 이루도록 돕고 있다. 지난날 공부로 힘들어했던 그 방황의 시간들이 없었다면 오늘의 나도 없었을 것이다.

방법을 모른 채 무조건 열심히 공부해서는 좋은 결과를 낼 수 없다. 지난 21년간 수능시험을 공부하고 강의하며 두 가지를 알게 되었다. 첫 번째는 수능시험은 고등학교 교과과정 내에서만 출제된다는 사실 이고 두 번째는 기출문제를 통해 앞으로 출제 가능한 문제를 충분히 예측할 수 있다는 사실이다.

성적은 수험생의 노력뿐만 아니라 학부모님의 조건 없는 격려와 응 원이 있을 때, 극적으로 향상된다. 수험생 못지않게 부모님 역시 불안 과 걱정을 안고 고3이라는 시기를 함께 견딘다. 이처럼 입시 문제로 고 민하는 학생들과 학부모님들을 보며 나의 지난 수험 경험에서 얻은 작은 지혜를 함께 나누고 싶었다.

인생의 선배로서 평소 다양한 분야에 도전하시는 황선찬 작가님과 함께 학교에서 강의하며 삶의 경험과 지혜를 나눌 수 있었다. 이 과정에서 자연스럽게 현장의 목소리를 듣게 되었다. 그동안의 질문과 답변을 묶어 더 많은 학생들과 학부모들에게 도움이 되고자 《공부톡! 인생톡!》을 기획하게 되었다.

학생들에게 가장 힘든 것이 무엇이냐고 물으면 '공부'라고 대답하고, 가장 보람된 것이 무엇이냐고 물어도 역시 '공부'라고 대답한다. 노력은 힘들지만, 결과는 노력을 배신하지 않는다. 최선을 다한 사람만이 가슴 뿌듯한 보람과 성취감을 느낄 수 있다.

청소년 시기는 애벌레가 나비가 되기 위한 시기와도 같다. 참아야 할 시기도, 버텨야 할 시기도 아닌 자신의 목표와 꿈에 다가가는 가장 치열하고도 아름다운 변화의 시기이다. 공부에 날개를 달아 꿈을 펼치는데 이 책이 도움이 되었으면 한다.

2022년 여름, 수능 교육 전문가
오 대 교

"인생에서 공부가 그렇게 중요한가요?"
"우리 아이는 공부를 싫어해서 큰일이에요."

지금까지 전국에서 강연을 하면서 많은 학생, 학부모, 교사들을 만났다. 나도 학생 시절이 있었고, 지금은 두 자녀의 학부모다. 아내를 비롯해 친구, 후배들 중 교직에 있는 지인들도 많다.

그동안 3권의 책을 출간하고 수능전문가 오대교 원장과 전국을 누비며 강연을 했다. 그 과정에서 많은 학생과 학부모로부터 질문세례를 받았다. 이에 각자의 영역에서 질문에 답하며 공부와 인생의 경계가 허물어지는 것을 느꼈다. 서로의 영역에 공감하기 시작했고, 점차 관심을 넘어 호응하게 되었다. 결국 전국의 청소년들에게 도움이 되고자 두 사람의 경험을 책에 담기로 했다.

이 책은 강연 활동 현장에서 실제 있었던 수많은 질문과 답변을 총 64개의 꼭지로 정리했다. 현장의 감동을 전달하기 위해 실제 동영상을 먼저 촬영하여 책에 담았고, 책을 읽으면서 QR 코드를 통해 영상을 볼 수 있도록 했다. 따라서 이 책을 읽는 독자들은 살아있는 글과 강연 현장을 직접 경험할 수 있다.

학생은 스스로 왜 공부를 해야 하는지를 알아야 한다. 부모는 학생을 믿어주고 학생이 성장하여 자신의 가치를 드러낼 때까지 기다려주어야 한다. 교사는 학생과 학부모가 모두 만족할 수 있도록 전문적인 지식과 따뜻한 마음을 가지고 상담할 줄 알아야 한다.

부모에게 가장 힘든 것이 무엇이냐고 물으면 '아이 키우는 것'이라고 대답하고, 가장 보람있는 것이 무엇이냐고 물어도 역시 '아이 키우는 것'이라고 대답한다. 가치와 보람은 쉬운 일에 있지 않고 힘든 일에 있다. 《공부톡! 인생톡!》이 학생, 부모, 교사의 지친 마음을 톡톡 두드려주는 반가운 노크소리가 되었으면 한다.

2022년 여름 , 드림 메신저

황 선 찬

PART 1
공부는 왜 하나요?

공부의 목적은 성공이 아니라
행복해질 준비를 하는 거야.

1. 부모님은 왜 제가 하기 싫은 것만 골라서 하라고 할까요?

황선찬

주위를 보면 하기 싫은 일을 즐겨하는 사람들이 대개 성공을 해요. 어떻게 보면 하기 싫은 일을 먼저 해야 나중에 즐거운 일을 할 수 있는 측면도 있죠. 숙제를 다 해야 놀 수 있는 것처럼 말이에요. 부모님들도 인생을 살면서 이런 걸 실감하다 보니까 자식들에게도 하기 싫은 걸 먼저 하라고 하는 거죠.

저도 학생상담을 하다 보면 비슷한 고민을 많이 듣습니다. 저는 그럴 때 게임에 비유를 해요. 학생들이 게임을 할 때 가장 든든한 지원군은 누구일까요? 같은 팀원입니다. 그럼 우리 학생들이 인생이라는 게임을 할 때 가장 든든한 팀원은 누구일까요? 당연히 부모님이겠죠. 그렇다면 한 번쯤 부모님의 입장에서 생각해 보는 건 어떨까요?

오대교

황선찬

하지만 자식 입장에서는 하고 싶은 건 못하게 하고 하기 싫은 것만 하라고 하니까 짜증이 날 수밖에 없지요. 저는 '즐겁고 하고 싶은 일'과 '싫지만 해야 하는 일'은 식탁의 반찬과 같다고 생각해요. 먹고 싶은 반찬만 먼저 골라 먹고 나면 나중에는 먹기 싫은 반찬을 몰아서 먹어야 하잖아요?

인생도 똑같아요. 먼저 즐겁고 하고 싶은 일만 골라서 하면 나중에는 힘들고 하기 싫은 일만 남아요. 반대로 힘들고 하기 싫은 일을 먼저 하고 나면 나중에는 즐겁고 하고 싶은 일만 남는 거죠. 낮에 실컷 놀면 저녁에 집에 와서 숙제를 해야 하지만, 낮에 숙제를 미리 해 놓으면 저녁에 놀 수 있는 것과 같아요.

동감합니다. 저도 발상의 전환이 필요하다고 생각해요. '왜 부모님은 내가 싫어하는 줄 알면서도 나에게 이런 말씀을 하시는 걸까?'하고 조금 더 넓은 시각에서 생각한다면 자식의 성장을 바라는 부모님의 마음을 이해하고 공감할 수 있지 않을까요?

오대교

황선찬

맞아요. 집을 짓는 데도 순서가 있듯 인생을 살아가는 데도 순서가 있죠.

공부톡! 인생톡!

"비가 온 후에야 무지개를 볼 수 있는 것처럼 하기 싫은 일을 하고 나서야 하고 싶은 일을 할 수 있다."

2. 공부의 목적이 사회적인 성공인가요?

황선찬

제가 생각하는 성공의 기준은 돈이 아니라, 자유와 행복입니다. 돈이 없어도 내가 하고 싶은 걸 마음껏 할 수 있고 행복하다면 성공한 인생이죠. 반면, 아무리 많은 돈을 벌고 지위가 높아져도 아이들 입학식, 졸업식, 결혼식을 못 간다면 행복하다고 할 수 없겠죠.

저는 공부의 정의를 새롭게 내려야 한다고 생각해요. 공부는 자신의 꿈을 이루기 위한 가장 강력한 도구거든요. 공부를 대입의 과정이 아닌 성장의 과정으로 생각한다면 도전과 노력을 통해 인생을 한 단계 성장시킬 수 있습니다.

오대교

황선찬

성장을 위한 공부라니 참 멋진 말이에요. 돈이나 지위를 얻기 위해 공부를 한다는 말

황선찬

은 배부르기 위해서 밥을 먹는다는 말과 똑같거든요. 우리가 밥을 먹는 목적은 우리의 몸을 성장시키고 유지하기 위한 영양소를 공급하기 위해서죠. 배가 부르다는 쾌감은 거기에 자연스럽게 따라오는 만족감이고요.

그러니까, 자신의 성장을 위해서 공부를 하다 보면 돈이나 지위는 자연스럽게 따라온다. 그러니 돈이나 지위를 목표로 공부하지 말고 자신의 성장을 위해 공부하라는 말씀이시죠?

오대교

황선찬

맞아요. 앞에서도 말했다시피 성공의 기준을 다르게 봐야 하거든요. 행복해지려면 자유로워야 하고, 자유로우려면 선택의 범위가 넓어야 해요. 공부를 해서 지식과 능력을 쌓으면 우리가 선택할 수 있는 행복의 범위가 넓어집니다. 1천 원을 가지고 있을 때보다 1만 원을 가지고 있을 때 점심 메뉴의 폭이 넓어지듯이요.

오대교

아무리 성공의 화살이 많이 날아와도 과녁판이 없으면 그냥 스쳐 지나가죠. 공부라는 것은 우리의 과녁판을 가급적 크고 튼튼하게 만드는 일이에요. 오늘 최선을 다해 공부해서 과녁판을 만들어 두면 나중에 성공의 화살이 왔을 때 그것을 잘 받아들일 수 있는 거죠.

우리가 행복해지려면 자신을 성장시켜야 합니다. 10대의 자신을 가장 크게 성장시킬 수 있는 수단은 공부입니다. 공부의 목적은 성공이 아니라 행복입니다. 공부는 행복해질 준비를 하는 것입니다.

공부톡! 인생톡!

"공부는 행복해질 준비를 하는 것이다."

3. 공부의 중요성은 아는데 공부가 잘 안돼요

예전에는 학생 상담을 할 때 제 이야기를 많이 했어요. 그런데 이제는 일단 학생의 이야기를 먼저 들어요. 질문 속에 이미 답이 다 나와 있거든요. 본인도 아는 거예요. 공부를 해야 된다는 것을.

공부가 잘 안된다고 말하는 학생들은 열심히 하고자 하는 의욕은 있는데 자신의 역량은 이에 못 미치기 때문에 고민하는 것이죠. 이런 학생들은 고민만 하고 시도는 별로 하지 않는다는 공통점이 있어요.

오대교

황선찬

공부를 왜 해야 하는지 고민하는 친구들에 비하면 절반의 문제는 해결된 거나 마찬가지네요. 공부만 하면 되니까요. 공부는 어렵기 때문에 할 가치가 있어요. 예를 들면 수학 공부가 쉬워서 모두 90점 이상을 맞는다면 100점을 맞은들 그리 큰 의미가 있을까요?

걸음마를 이제 막 뗀 어린아이에게 달리기 대회에 나가라고 할 수는 없습니다. 공부에도 성장의 단계가 있습니다. 무슨 일이든 처음부터 잘할 수는 없죠. '생활의 달인'이라는 TV 프로그램을 보면 수많은 반복과 시행착오가 달인을 만듭니다. 조급한 마음과 성적 향상에 대한 열정을 구분할 수 있는 안목이 필요합니다.

오대교

황선찬

공부가 잘 안되는 이유에는 여러 가지가 있어요. 첫 번째로는 실제적으로 공부에 들이는 물리적인 시간이 길지 않은 경우가 대부분이에요. 두 번째로는 자리에는 앉아 있지만 실제로 집중하는 시간이 짧은 경우이고 세 번째로는 그 내용을 습득하기 위한 기초가 부실한 경우입니다.

황선찬

공부는 원래 생각한 대로 잘 안되는 것이 당연합니다. 안되는 공부를 쉽고 재미있게 할 수 있는 방법을 찾아야지요. 예를 들면 친구들과 계획을 세우고 같이 하거나, 어려운 공부를 참고 열심히 했으면 잘한 나에게 어떤 선물을 주는 것도 좋은 방법이에요.

오대교

공부를 잘하려면 공부계획을 구체적으로 짜고 많은 유형의 문제를 접해보면서 스스로 취약한 부분을 찾아야 합니다. 그리고 이를 개선하기 위해 노력해야 합니다. 이는 공부의 신이라고 해도 피해갈 수 없는 공부의 정석입니다.

공부톡! 인생톡!

"공부는 어렵기 때문에 하는 보람이 있다."

4. 공부를 못하면 인생을 잘 못 사는 건가요?

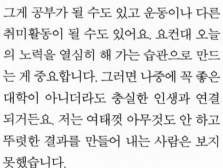

꼭 성적이 좋아야만 인생을 잘 사는 것은 아니에요. 저는 학생들과 대화를 나눌 때 공부의 결과보다 하루하루의 노력에 집중하라고 말합니다. "난 공부가 하기 싫어요. 꼭 공부가 인생의 전부인가요?"하고 고민만 할 게 아니라 현재 나에게 주어진 오늘을 성실하게 살아야 하죠.

그게 공부가 될 수도 있고 운동이나 다른 취미활동이 될 수도 있어요. 요컨대 오늘의 노력을 열심히 해 가는 습관으로 만드는 게 중요합니다. 그러면 나중에 꼭 좋은 대학이 아니더라도 충실한 인생과 연결되거든요. 저는 여태껏 아무것도 안 하고 뚜렷한 결과를 만들어 내는 사람은 보지 못했습니다.

오대교

황선찬

사실 학교나 사회에서 요구하는 능력은 비슷합니다. 인내심, 긍정적인 태도, 근면·성실함 등이죠. 예를 들면 학생 때 지각이 잦은 사람이 사회생활에서 지각 안 하기는 어렵거든요. 학교 다닐 때 땡땡이 치고 PC방 가던 친구들이 직장에 들어가도 근무시간에 몰래 사우나에 갈 확률이 높습니다.

그런데 사회는 학교와 달리 기회가 무한대인 반면 책임도 무한대예요. 스스로 책임감을 느끼고 열심히 노력하면 학교 공부는 못했더라도 인생을 훌륭하게 살 수 있죠. 아인슈타인이나 에디슨처럼 학교 공부 성적은 좋지 않았지만 훌륭하게 된 경우도 얼마든지 있어요.

오대교

각 분야에서 성공한 분들은 저마다 자신들의 분야에서 부단한 노력으로 하루하루를 충실히 노력한 분들입니다. 바로 이것이 인생에 대해서 스스로 정의한 성공이 아닐까요. 공부는 정직합니다. 아무런 노력 없이 성공적인 결과를 만드는 경우는 없어요.

황선찬

예전에 독일에서 박사 학위를 받은 사람이 있었어요. 얼마나 공부를 잘한 사람이었겠어요. 그런데 박사 학위를 받은 아들이 공항에 마중 나온 엄마한테 "나 이제 뭐 하면 돼?"라고 물어보더랍니다. 단순히 공부를 잘한다고 해서 인생을 잘 사는 건 아니에요. 얼마나 주도적으로 했는지가 더 중요한 거죠.

공부톡! 인생톡!

"인생은 점수가 아니라 태도에 의해 결정된다."

5. 부모님은 공부 못하셨어도 잘 사는데 왜 우리에겐 공부를 강요하죠?

황선찬

지금 부모님 세대는 공부를 하고 싶어도 할 수 없는 여건인 경우가 많았어요. 그런데 지금은 공부를 하고 싶은데 공부를 하지 못하는 경우는 별로 없죠. 부모님들이 학교 공부와 상관없이 잘 사는 것은 그만한 이유가 있기 때문이에요.

성공한 사람들은 공통점이 있어요. 근면·성실하다든지, 인간관계가 좋다든지, 남을 배려한다든지 그런 장점들 때문에 잘 사는 거죠. 공부가 조금 부족하더라도 자신의 장점을 잘 살리면 사회에 나와서 성공할 수 있는 여지가 있죠.

오대교

황선찬

저도 경기도에서 시험을 보고 고등학교에 입학했어요. 주위에 공부를 잘하는 친구들이 많았죠. 몇십 년이 지난 지금 살펴

황선찬

보면 고등학교 때 공부 잘했던 친구들의 절반은 잘 살고 절반은 힘들게 살아요. 재미있는 게 공부 못한 친구들의 절반 또한 잘 살아요. 그런데 잘 사는 친구들은 대부분 특별한 태도나 장점을 한 가지 이상씩 가지고 있었어요.

부모님이 공부는 못했지만 어떤 장점을 가지고 있는지 살펴보세요. '새벽에 일찍 일어난다.', '친한 사람들이 많다.', '어려워도 참고 끝까지 이겨 낸다.'는 등의 장점이 분명히 있을 거예요. 나만의 장점을 키우면 학교 때 공부가 부족해도 잘 살 수 있어요. 인생이 학교 성적순으로만 된다면 재미가 없지요. 그런데 그런 장점이 없는데 '공부를 못해도 잘 살 수 있다.'고 말하는 건 투정에 불과해요.

저는 공부를 기회의 가능성이라는 측면에서 말씀드리고 싶어요. 예를 들면 게임을 너무 좋아해서 게임을 만들었는데 시장에서 실패할 수도 있잖아요? 부모님께

오대교

서는 인생의 다양한 면을 이미 경험적으로 알고 계신 거죠. 그런데 사회에 비해서 공부는 변수가 굉장히 적거든요. 공부를 안 했으니까 못하는 거지 공부를 했는데 결과가 안 나오는 경우는 드물어요. 확실한 결과가 보장되는 공부를 열심히 하면 사회에 나왔을 때 다양한 일을 할 수 있는 기회를 보다 확실하게 잡을 수 있는 거죠.

오대교

황선찬

성적은 그 사람의 장점을 가장 집약적으로 보여주는 잣대가 아닌가 합니다. 공부를 잘하려면 머리도 좋아야 하고, 성실해야 하고, 참을성도 있어야 하니까요. 이런 것들이 일반적으로 사회에서 요구하는 장점이거든요.

공부톡! 인생톡!

"공부는 어렵기 때문에 하는 보람이 있다."

6. 학교 공부보다 인생 공부가 중요하지 않나요?

황선찬

학교에 있을 때는 학교 공부를 열심히 하면 되고 사회에 나와서는 인생 공부를 열심히 하면 돼요. 그런데 학교에서 인생 공부를 하려고 하고 사회에서 학교 공부를 하려고 하면 인생이 복잡해집니다. 마치 국어 시간에 수학 공부를 하고, 수학 시간에 국어 공부를 하면 둘 다 집중이 안 되듯이요.

저는 우산으로 비유를 들고 싶어요. 우산을 쓰면 비가 오는 것은 막지 못해도 몸이 젖는 것은 막을 수 있잖아요? 학생의 신분으로 학교에 다닌다는 것은 사회의 비바람을 막아주는 우산 밑에 있는 것과 같아요. 아무 준비가 되지 않은 상태에서 무작정 뛰쳐나가는 것보다, 학생 신분으로서 누릴 수 있는 혜택은 충분히 누리면서 사회에 나갈 연습을 하는 것이 보다 영리하지 않을까요?

오대교

황선찬

사실 사회 공부와 인생 공부는 크게 다르지 않아요. 로버트 폴검의 《내가 정말 알아야 할 모든 것은 유치원에서 배웠다》라는 책을 보면 '나누어 가져라. 공정하게 행동하라. 사용한 물건은 제자리에 놓아라. 다른 사람을 아프게 했으면 미안하다고 말하라. 균형 잡힌 생활을 하라.' 등의 덕목이 나와요. 이것들은 유치원에서 배우는 기본적인 것들이지만 사회생활을 할 때 반드시 갖추어야 할 덕목이거든요. 학교 공부와 인생 공부는 별개가 아니라 연결되어 있어요. 학교와 사회는 지식뿐만 아니라 태도도 공통점이 많거든요. 예를 들어 패션디자이너가 되고 싶다면 수학 공부는 어떤 옷의 치수를 재는 데 필요하고 영어 공부는 국제무대에서 활동을 하기 위해서는 꼭 필요하겠죠. 또 역사 공부는 옷에 우리나라의 고유한 것을 담기 위해 필요하겠죠. 또 일을 하면서 부딪히게 되는 온갖 난관은 공부하며 키웠던 인내심으로 뚫고 갈 수 있겠죠.

오대교

작가님께서 말씀하신 것처럼 삶에서 '태도와 마음가짐'이 차지하는 비중이 무척 중요해요. 지금 나에게 주어진 일을 열심히 하는 노력이 습관을 만들고 이러한 습관이 모여서 자신의 모습이 만들어지거든요. 학교는 사회생활을 시작하기 전에 습관을 만들고 삶의 규칙들을 배워나가는 곳입니다. 인생에서 성공의 습관을 만들어가는 과정은 학창 시절부터 시작됩니다.

공부톡! 인생톡!

"학교 공부는 학교에서, 인생 공부는 사회에서."

7. 고3 시기는 버려야 하는 시기인가요?

오대교

많은 학생들이 고3을 버려야 하는 시기로 오해하고 있습니다. 저는 고3은 버려야 하는 시기가 아니라 자신의 꿈에 다가가는 시기라고 말하고 싶어요. 고3은 1년 뒤, 자신이 되고 싶은 모습을 상상하고, 그 목표에 다가가는 시간입니다.

단순히 더 큰 애벌레가 되고 싶은 애벌레와 화려한 나비를 꿈꾸는 애벌레는 큰 차이가 있습니다. 나비를 꿈꾸는 그 학생의 하루는 육체적으로는 힘들지만 정신적으로는 확신으로 충만합니다. 이렇게 생각하면 고3은 버티는 시기가 아니라 보람으로 가득 찬 시기입니다.

황선찬

아무 의미 없는 시기는 없어요. 옛날 영화를 보면 기차가 터널을 들어갈 때 반드시 기적을 울려요. 터널만 만나면 기적을 울리니까 터널이 기적을 만드는 거예요.

황선찬

기적 같은 일은 어두운 터널을 지나지 않고는 절대 일어나지 않는다는 뜻입니다. 그래서 고3 시기는 앞이 보이지 않지만 일단 지나고 나면 더 밝은 행복이 기다리고 있죠.

오대교

어쩌면 고3 시기는 힘들게 버텨야 하는 기간이 아니라 노력에 따라 가장 행복한 시간이 될 수도 있어요. 많은 수험생들이 내일을 위해 오늘을 버려야 한다고 생각합니다. 그러나 오늘을 버리면 내일도 오지 않습니다. 오늘의 노력을 통해 내일의 자신이 성장할 수 있습니다.

황선찬

금요일은 일을 해도 즐겁지만, 일요일은 쉬어도 불안하죠. 금요일은 다음날부터 쉬고 일요일은 다음날부터 일하기 때문이에요. 행복의 기준을 미래에 두지 않고 현재에 두면 금요일은 금요일대로 즐겁고 일요일은 일요일대로 즐길 수 있죠.

황선찬

요즘은 재활용이나 재생 공장이 전망이 밝아요. 폐기물을 수거해서 돈을 받고 재생으로 제품을 만들어 돈을 버니까 양쪽에서 수익이 생기지요. 의미 없이 흘러가는 시간도 잘만 재활용하면 성적도 오르고 정신도 성장하지 않을까요?

오대교

미국의 철학자 버트런트 러셀은 이런 말을 남겼죠. 과거는 이미 흘러갔고 미래는 아직 오지 않았다고. 우리가 누릴 수 있는 시간은 오직 현재(Present)뿐입니다. 선물(Present)로 받은 오늘을 버티려고 하지 말고 즐기려고 해 보세요.

공부톡! 인생톡!
"고3은 버텨야 할 시기가 아니라 누려야 할 시기이다."

8. 공부 계획을 자꾸만 포기하게 돼요

성적은 노력의 총합으로 결정됩니다. 여기서 중요한 부분은 매번 시도했던 작은 노력 자체가 의미 있다는 점입니다. 작은 노력이 모이고 모여 큰 노력으로 연결되고 좋은 결과가 이루어지기 때문이지요. 한 번의 시도로 모든 것을 이룰 수는 없습니다.

오대교

황선찬

처음부터 세운 계획이 100% 이루어진다는 기대를 버리는 게 좋아요. 작심삼일도 10번 반복하면 작심삼십일이 되죠. 실패 자체가 중요한 게 아니고 그다음의 행동이 중요해요. 개그우먼 박지선 씨가 강연에서 이런 말을 했어요. '나는 넘어졌을 때마다 무언가를 하나씩 줍고 일어난다.'고. 어떤 사람들은 샘을 팔 때 1m씩만 파는 사람이 있어요. 그런데 1m만 파서 물이 나오는 경우는 없어요.

황선찬

하나를 파도 지구 끝까지 판다는 각오로 해야 하는데 자꾸 여기저기 찔러보니까 잘 되지 않는 거죠. 거듭 실패하더라도 계속 시도하면서 끝까지 하는 게 더 중요해요.

쉽게 포기하지 않으려면 목표를 두 가지 측면으로 분리해서 생각해야 합니다. 하나는 도전으로서의 목표고 다른 하나는 관리로서의 목표죠. 예를 들어 '수학 문제를 매일 30문제씩 풀겠다는 것.'은 관리로서의 목표이고 '수학 문제를 매일 30문제씩 1년 동안 풀어서 원하는 대학에 합격하는 것.'은 도전으로서 목표에 해당합니다.

오대교

황선찬

학생들이 공부 계획 실천에 어려움을 느끼는 것은 두 가지 목표를 분리하지 않기 때문이에요. 즉, 관리로서의 목표를 무시하고 도전으로서의 목표만 생각하니까 결과가 쉽게 나오지 않고 포기하게 되는 것이죠.

황선찬

하지만 관리로서의 목표를 달성하면 매일 성취감을 맛볼 수 있고 결국 도전으로서의 목표를 이룰 수 있습니다.

오대교

뭐든지 처음 하면 낯설기 때문에 결과를 만들 수 없는 게 당연해요. 하지만, 반복해서 노력하면 공부 근육이 길러집니다. 결과를 내는 힘은 반복의 지루함을 이기는 힘입니다. 반복에 지치지 않아야 결국 원하는 결과를 만들 수 있습니다.

PART 2
공부는 어떻게 하나요?

노트필기가 싫다고?
적는 자만이 살아남는단다.

1. 공부 계획을 꼭 세워야 하는 건가요?

황선찬

부산을 가려면 제일 먼저 내비게이션에 부산을 찍어야 하죠. 모든 결과는 행동에서 나오고, 모든 행동은 생각에서 나오기 때문에 자신이 생각하지 않은 것이 우연히 이루어질 수는 없어요. 계획을 제대로 세우면 공부의 반은 성공했다고 볼 수 있어요. 계획이 없으면 몇 배의 노력을 하고도 다른 목적지에 가 있거나 중간에 포기하게 되죠.

오대교

저는 계획의 중요성을 이야기할 때 화살의 비유를 듭니다. 정확하게 겨냥해도 빗나가기 쉬운데, 애매모호하게 쏜 화살이 과녁에 명중할 수 있을까요? 물론 내비게이션을 찍고 가더라도 교통상황에 따라 경로는 바뀔 수 있지만, 목적지는 바뀌지 않아요.

목적지 없이 눈앞의 교통상황에 따라가
다 보면 엉뚱한 곳에 도착하게 되는 거죠.

오대교

황선찬

계획을 세울 때는 자신의 현재 수준과 현
실을 고려해야 해요. 처음 달리기를 시작
할 때 체력 수준과 방향을 모르면 어느 방
향으로 얼마만큼을 뛰어야 할지 막막하
죠. 그냥 무작정 뛰는 것보다 시간, 거리,
방향을 정하고 뛰면 힘은 덜 들고, 더 멀
리, 더 오래 뛸 수 있어요. 계획이란 이런
것을 미리 정하는 겁니다.
계획은 100m 달리기에서 출발선과 골인
지점을 정하는 것과도 같아요. 출발을 어
디에서 했는지도 모르고 본인 스스로 많
이 달렸다고 생각해서 멈췄는데 80m 지
점이라면 어떻게 될까요? 계획이 없으면
자신이 현재 어디까지 왔는지를 몰라서
항상 불안하고 슬럼프를 겪게 돼요.

저는 '공부할 계획이 없다는 건 실패를 계획하는 것'이라고 학생들에게 조언합니다. 취미로 공부하는 학생은 없습니다. 명확한 목표일수록 가고자 하는 방향을 담은 계획은 무엇보다 중요합니다. 구체적인 목표는 구체적인 결과를 가져오지만 막연한 계획은 막연한 결과를 가져옵니다.

오대교

황선찬

거창한 계획부터 세우려하지 말고 작은 것을 세우고 실천해 보세요. 매일 팔굽혀 펴기를 100개씩 한다는 계획을 세우면 일주일도 못 가서 포기하게 되지만 하루에 팔굽혀 펴기를 3번씩 한다는 계획을 세우면 꾸준히 할 수 있을 뿐 아니라 5번, 7번, 10번으로 점점 늘어나게 되죠.

공부톡! 인생톡!

"계획을 세우는 것은 여행을 떠날 때 목적지를 정하는 것과 같다."

2. 공부도 재미있을 수 있나요?

무슨 일이든 잘하게 되면 재미를 느끼게 됩니다. 컴퓨터 게임을 익힐 때도 처음에는 복잡하고 재미없지만 일단 익히고 나면 즐길 수 있죠? 공부도 마찬가지예요. 잘하기 전까지는 지루하지만 잘하게 되면 재미가 있어요. 자기 내부의 성취감과 주위의 인정이 짜릿한 쾌감을 주죠.

오대교

황선찬

저는 '해비타트'라는 사랑의 집짓기 봉사 활동을 다녀온 적이 있어요. 거기에 온 사람들에게 왜 봉사를 하냐고 물으면 즐기러 왔다고 대답해요. 햇볕에 탄 피부에 선크림을 발라주는 사람, 마술을 하면서 돌아다니는 사람, 음악을 연주하며 다니는 악단이 있는데 음악이 연주되면 집을 짓다가 나와서 같이 춤을 춰요. 공부를 재미있게 하려면 먼저 공부의 가치를 깨닫고 스스로 즐겨야 해요.

오대교

솔직히 저의 학창 시절을 돌이켜봐도 공부 자체가 재미있지는 않았습니다. 공부를 잘하는 주위 친구들을 보더라도 공부 자체가 좋아서 한 친구는 없었던 것 같아요. 저의 경우 공부 자체가 재미있었다기보다 공부에 '몰입'하는 것을 통해 재미를 느꼈다고나 할까요? 공부에 재미를 붙일 때도 방법을 익히는 지루한 시기가 반드시 필요합니다. 마치 게임하는 방법을 익히듯이요.

저는 이 기간을 '터널 통과 구간'이라고 부릅니다. 터널이라는 낯선 환경에서 벗어나는 방법은 터널 끝에 보이는 희미한 빛을 따라가는 것이지요. 갑갑하다면 더욱 속력을 내 빨리 터널을 통과하는 것도 좋은 방법입니다. 하지만 불안하다고 속도를 줄이거나 방향을 바꾸면 시간이 오래 걸릴 뿐만 아니라 자칫 영영 터널에서 벗어나지 못할 수도 있습니다. 하지만 이 시기를 잘 통과하면 눈앞이 확 밝아지는 것처럼 공부가 재미있어지는 순간이 찾아옵니다.

황선찬

인간은 자신이 못하는 일을 할 때보다 잘하는 일을 할 때 훨씬 즐겁죠. 본인이 지금 당장 해낼 수 있는 작은 목표를 달성하면서 기초를 쌓아나가면 나중에는 공부가 즐거워질 수도 있어요.

오대교

조금만 참고 견디면 반드시 터널을 통과할 수 있다는 확신을 가지고, 박차를 가하면 반드시 빛을 볼 수 있습니다. 많은 학생들이 공부에 어려움을 느끼는 것은 이 답답한 터널 통과 구간을 견디지 못하기 때문이라고 생각합니다.

공부톡! 인생톡!

"반복의 지루함을 이겨야 원하는 결과를 만들 수 있다."

3. 목표가 없어서 공부가 잘 안돼요

오대교

학부모님들은 '우리 아이가 어떻게 스스로 공부의 필요성을 알고 지속적으로 공부할 수 있겠느냐?'고 묻습니다. 많은 학생들이 공부를 해야 할 적극적인 이유를 찾기보다 공부를 주어진 숙제처럼 여기고 부담스러워 합니다. 이런 현실에서 제가 찾은 답은 '꿈'에 있었습니다.

꿈이 노력을 이끌고, 노력이 결과를 만들어 냅니다. 꿈이 없다고 말하는 학생들에게 저는 꿈은 스스로를 움직일 수 있게 하는 견인차라고 말해주고 싶습니다. 좋아하는 별을 보며 살고 싶다는 저의 꿈이 목표를 만들어주었고, 목표에 다가가려 노력하다 보니 수능의 전문가가 되어 학생들에게 도움을 줄 수 있게 된 것처럼 말이죠.

황선찬

작은 목표부터 세워서 목표를 달성하는 즐거움을 맛보는 것이 중요해요. 저는 히말라야를 3번 다녀왔어요.

황선찬

그래서 운동 삼아 회사 9층 계단을 걸어서 올라 다니죠. 히말라야를 간다는 목표가 없었다면 힘들고 지겨운 계단을 매일 오를 수 없었을 거예요. 그만큼 목표는 포기하고 싶을 때 견딜 수 있는 버팀목 역할을 하죠.

당장 꿈이 없다면 오늘의 노력을 통해 스스로 만족한 하루를 보내보세요. 충실한 하루하루를 통해 스스로 성장하게 되고 성장하는 만큼 시야가 넓어집니다. 시야가 넓어지면 자신만의 꿈을 찾을 수 있습니다. 고등학교 시기에 그리는 꿈이 처음부터 명확할 수는 없습니다. 충실한 하루를 보내면서 조금씩 자신의 꿈을 찾아가는 것에 의미가 있습니다.

오대교

황선찬

예전에 어떤 고등학교 2학년 학생이 저한테 물어봤어요. 남극에 가고 싶은데 시간적, 경제적으로 제약이 있다는 거죠. 하지만 남극에 가겠다는 목표를 확실히 정하고 간절하게 노력하면 반드시 갈 수 있어요.

황선찬

돈이 필요하면 알바를 하면 돼요. 알바를 하면서도 계속 '남극을 가기 위해 알바를 한다.'라고 말하면 사장님들이 자기 가게에서 일하라고 권유하는 거죠.

졸업을 하고 회사에 들어가서도 '난 5년 뒤에 남극에 가야 해.'라고 말하고 다니면 결국 어떤 상황에서도 남극에 갈 수 있게 주위에서 기회를 만들어 줘요. 목표만 명확하면 모든 불가능했던 것들이 다 해결이 되거든요.

공부톡! 인생톡!

"목표가 없는 사람은 목표가 있는 사람을 위해 일하게 된다."

4. 꼭 독서실에서만 공부해야 하나요?

황선찬

독서실은 공부하는 분위기가 조성되어있고 약간의 경쟁심도 생기기 때문에 공부에 도움이 됩니다. 공부를 해야 할지 말아야 할지 고민될 때 무작정 독서실에 가면 분위기 때문에 공부가 잘된 적이 있어요. 어떤 학생은 커피숍처럼 약간 소음이 있으면서 자유로운 곳에서 공부가 잘된다는 경우도 있지요. 공부만 잘되면 장소는 중요하지 않아요.

공부에는 환경적인 요인도 매우 중요합니다. 예를 들어 공부하기가 싫어도 독서실에 앉아 있으면 어떻게든 하게 되니까요. 효율성이라는 측면에서 본인이 어디서 공부하는 게 가장 도움이 되는지 생각해 보세요. 요즘엔 카페에서 공부하는 학생들도 많이 있다고 합니다. 적당한 백색소음이 집중에 더 도움을 준다고 해요.

오대교

또는 방과 후에 학교에 남아서 공부하는 것도 좋죠. 중요한 것은 장소가 아니라 본인의 마음입니다.

황선찬

예전에 자격증 시험 공부를 할 때 아들과 같이 동네 독서실에 간 적이 있었어요. 오래 앉아 있는 것이 적응이 안 되다 보니 졸리면 독서실 복도를 서성이며 하루 종일 공부했죠. 그때 아들이 "아빠 사용도 안할 거면서 독서실은 왜 끊었어요. 그냥 복도에서 하면 되지."라고 핀잔을 주었죠. 절박하면 시끄러운 시장에서도 공부가 되고 그렇지 않으면 환경이 아무리 좋아도 잠만 자게 돼요. 시험은 어떻게 됐냐고요? 다행히 붙어서 아들에게 체면은 세웠답니다.

사람은 누구나 남의 눈을 의식하는 경향이 있습니다. 자신과 전혀 상관이 없는 사람이라고 하더라도요.

오대교

오대교

그런 의미에서 다른 사람이 자신의 공부하는 모습을 관찰할 수 있는 공공 도서관에서 공부를 하는 것도 좋은 방법이 될 수 있습니다.

예전에 《공부가 제일 쉬웠어요》라는 책이 베스트셀러에 오른 적이 있었어요. 막노동을 하면서 6수 만에 서울대 법대에 합격한 사람의 스토리를 담고 있죠. 그렇게 독한 사람도 집에서 혼자 공부하니까 마냥 늘어져서 결국 재수종합학원에 등록했다고 합니다. 무조건 편한 장소를 찾기보다는 조금 불편해도 공부를 할 수밖에 없는 환경에 스스로를 몰아넣는 것이 도움이 되지 않을까 생각합니다.

공부톡! 인생톡!

"밥을 꼭 식당에서만 먹으란 법은 없다. 공부도 마찬가지다."

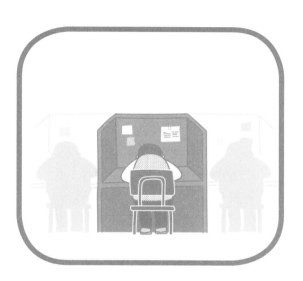

5. 노트 정리는 왜 필요한가요?

황선찬

기억은 기록을 이기지 못해요. '적자생존' 이란 말은 환경에 적응하는 사람이 살아 남는다는 뜻이 아니라 적는 사람이 생존 한다는 뜻이죠. 적으면서 생각이 정리되 고 부족한 부분이 보완되기 때문에 노트 정리는 꼭 필요해요.

오대교

여학생들은 형형색색으로 노트 정리를 예쁘게 꾸미는 경우가 많습니다. 노트 정 리에 공을 들이는 것은 좋지만 노트 정리 의 본질은 공부의 효율을 높이는 데 있습 니다. 공부는 자신의 부족한 부분을 찾고, 스스로를 객관화하면서 내용을 하나씩 이해하는 과정입니다. 노트 필기는 공부 의 수단이어야지 그 자체가 목적이 되어 서는 안 됩니다.

지금까지와 다른 결과는 지금까지와 다른 방법으로 만들 수 있습니다. 그러 기 위해서는 자신을 객관적으로 볼 수 있는 데이터가 필요합니다.

객관적인 데이터를 기록하는 도구가 바로 노트정리입니다. 앞서 설명한 '방법이 아닌 본질'이 중요하다는 사실을 이해하면 노트 정리는 성적 향상의 강력한 도구가 될 수 있습니다.

오대교

황선찬

그런데 대부분의 학생들은 노트 필기를 귀찮아하죠. 그래서 시험 기간이 되면 다른 친구들의 노트를 빌리려고 해요. 남이 기록한 노트도 유용한데 본인이 직접 기록한 노트는 얼마나 도움이 되겠어요? 노트 필기는 본인이 직접 해야 생각이 정리되고 부족한 부분이 보완됩니다. 노트 정리를 해보면 그 위력을 실감할 수 있죠. 확신이 안 서면 일정 기간 의무적으로라도 해보세요.

노트 필기에도 여러 가지 방법이 있지만, 특히 추천하고 싶은 것이 '코넬식 노트 필기법'입니다. 코넬식 노트 필기는 코넬 대

오대교

학의 Walter Pauk 교수가 고안한 방법으로 주제, 키워드, 수업내용, 요약으로 수업을 재구성하는 방법입니다.

오대교

1. 먼저 공책의 가장 윗부분인 '주제' 칸에 그 날의 주제를 기록합니다.
2. '수업내용' 칸에 수업을 들으면서 필요한 내용을 필기합니다.
3. 수업이 끝나면 수업내용 왼쪽에 키워드를 골라 적습니다.
4. 요점을 정리하여 아랫부분에 기록합니다.

코넬 노트 필기법을 200% 활용하기 위해서는 기록하고, 요약하고, 암송하고, 생각하고, 복습해야 한다는 점을 잊으면 안 됩니다.

"적자생존! 적는 자만이 살아남는다."

6. 노력만큼 결과가 안 나오는 것 같아요

매번 시험이 끝난 후에 보면 '노력해도 성적이 오르지 않는다.'고 말하는 학생들이 있습니다. 혹시 '양질전환의 법칙'을 아시나요? 양이 축적되면 결국 질적인 향상으로 전환된다는 법칙입니다. 공부도 마찬가지입니다. 단순히 노력해도 성적이 오르지 않는다고 한탄하기 전에 지난 시험과 비교해서 얼마나 많은 양의 문제를 풀어보고 준비했는지 생각해보세요.

오대교

황선찬

저도 노력한 만큼 결과가 나온다고 믿어요. 다만 결과가 나타나는 시기와 정도의 문제일 뿐이죠. 결과는 점진적으로 나타나기보다 계단식으로 상승하는 경우가 많아요. 이때 상승 직전에 포기하면 헛수고가 되는 거고 그 시기를 잘 넘기면 한 단계 성장하는 거죠. 인디언 추장이 기우제를 지내면 반드시 비가 와요. 왜 그런지 아세요? 비가 올 때까지 기우제를 지내기 때문이래요.

주관적인 느낌으로 '많이 한 것 같은데.' 라고 생각하면 실제로는 많이 하지도 않고 많이 했다고 착각하는 경우가 많습니다. 공부를 할 때는 자신의 노력을 측정 가능한 수치로 객관화해야 합니다. 하루에 몇 문제를 풀었는지? 몇 시간을 앉아 있었는지? 연습장 몇 장을 썼는지? 심지어 볼펜 몇 자루를 썼는지? 등 모든 것이 공부를 계량화할 수 있는 척도가 됩니다. 자신의 노력을 객관화하지 않은 상태에서 시험의 난이도나 환경을 탓하는 것은 어리석은 일입니다.

공부는 적게 하면서 높은 성적을 기대하니까 문제가 되는 거죠. 저는 학생들에게 매일 모의고사를 1회씩 풀어보라고 말해요. 한 달이면 30회의 모의고사를 푸는 셈이죠. 이 정도를 했는데도 성적이 오르지 않을까요? 그런데 보통은 여기까지 안합니다. 그래서 결과도 잘 안 나오는 거죠. 아인슈타인이 말했죠.

오대교

어제와 똑같은 행동을 반복하면서 다른 결과를 바라는 것은 정신병의 초기증상이라고. 남들과 다른 결과를 바란다면 남들과 다른 노력을 해야 합니다.

오대교

황선찬

수험생활은 장거리 레이스와 같아요. 장거리 레이스에서 가장 중요한 것은 남과 비교하지 않고 자신의 계획대로 꾸준히 실천하는 거죠. 에디슨은 2만5천 번의 실패 후에 축전지를 만들었고, 다이슨은 5,127번의 실패 끝에 먼지통 없는 진공청소기를 만들었어요. 실패도 습관이에요. 에디슨이나 다이슨은 끝까지 포기하지 않는 성공의 습관을 지녔기 때문에 결국 원하는 결과를 얻은 거죠.

공부톡! 인생톡!

"노력과 결과 사이에는 서울과 뉴욕만큼의 시차가 있다."

7. 시험을 잘 보는 방법도 있나요?

오대교

제가 운전면허 시험을 준비할 때 일화입니다. 처음 운전을 하는 제가 긴장하니까 강사님이 재미있는 이야기를 해 주셨어요. 20년 가깝게 트럭을 운전한 기사분이 면허가 취소되어 재시험을 보셨는데 계속 떨어졌습니다. 그 이유는 운전을 너무 잘해서 브레이크를 밟는 게 기록 센서에 감지되지 않아서였다고 합니다.

공부도 마찬가지입니다. 시험성적이 꼭 실력에 비례하지는 않습니다. 실력보다 중요한 것은 '출제자의 의도'에 맞춰 공부하는 것입니다. 출제자의 의도를 파악하기 위해서는 시험에서 요구하는 평가 항목을 이해하고 시험에 반복적으로 출제되는 단원과 주제를 확실하게 파악해야 합니다. 그래서 저는 기출문제 풀이를 강력하게 추천합니다. 기출문제를 통해 그 시험에서 요구하는 평가 항목, 반복 출제 주제, 문제 유형, 그리고 출제 개념을 확인할 수 있습니다.

황선찬

자기가 풀 수 없는 어려운 문제를 먼저 풀려고 욕심을 보이다가 다른 문제들을 놓치는 경우가 많아요. 비유하자면 팔씨름 대회에 나갔는데 처음에 너무 강한 상대를 만나면 실력 발휘도 못 하고 지잖아요? 시험을 볼 때는 못 푸는 문제를 풀려고 애쓰지 말고 풀 수 있는 문제부터 확실하게 푸는 게 중요해요. 풀 수 있는 걸 다 맞추고 나머지는 덤이라고 생각하면 마음이 편해지죠.

오대교

실수를 줄이기 위해서는 우선 시간 안배가 중요해요. 1번부터 마지막 번호까지 순서대로 풀면 뒤쪽에서 시간이 모자라 쉬운 문제도 못 푸는 경우가 많잖아요? 그래서 우선적으로 쉬운 문제를 먼저 풀고 시간이 걸리는 문제는 나중에 푸는 전략을 짜야 해요. 이게 말로는 쉬워도 실제 시험에서는 실천하기 어렵습니다. 평소 모의고사를 실전처럼 연습하고 실전에서는 모의고사처럼 담담하고 기계적으로 푸는 게 중요합니다.

또 부정형 질문일 경우에는 틀린 선택지를 골라야 하는데 맞는 선택지를 고르는 실수를 할 수 있어요. 그럴 때는 선택지 하나하나의 옳고 그름을 판별하는 과정과 정답을 고르는 과정을 분리해야 해요. 즉 각각의 선택지가 맞으면 O, 틀리면 X, 애매하면 △ 표시를 하고, '옳은 것'을 고르는 문제는 O를, '틀린 것'을 고르는 문제는 X를 정답으로 골라야 합니다.

오대교

공부톡! 인생톡!

"시험의 기술은 못 푸는 문제를 푸는 것이 아니라, 풀 수 있는 문제를 확실하게 푸는 것이다."

8. 오답 노트는 꼭 만들어야 하나요?

오대교

평소에 공부를 많이 해도 막상 시험 기간이 되면 공부한 내용이 기억나지 않습니다. 반복해서 말씀드리지만, 공부는 객관적인 데이터에서 출발합니다. 즉, 자신의 현재 위치를 정확한 수치로 파악하는 것이 무엇보다 중요합니다. 자신이 잘하는 부분은 어디이고 취약한 부분은 무엇인지를 명확히 알게 되면 공부는 한결 쉬워집니다. 성적 향상의 핵심은 취약한 부분을 효과적으로 개선하는 것에 있습니다.

오답 노트를 만드는 근본적인 이유는 취약한 부분을 깊이 있게 이해하기 위해서입니다. 가장 쉽게 점수를 올리는 방법은 실력을 키우는 게 아니라 실수를 줄이는 겁니다. 실력은 그다음 입니다. 오답 노트의 핵심은 자신이 틀린 부분을 종이(노트)에 적는 과정을 통해서, 자신의 현재 수준을 객관화하는 것입니다. 자신의 현재 수준을 알아야 취약한 부분을 집중적으로 보완할 수 있습니다.

황선찬

살다 보면 성공보다 실패에서 배우는 것이 많습니다. 실패 자체는 중요하지 않아요. 실패를 한 다음에 어떻게 하느냐가 중요하죠. 실패한 다음에 그걸 반복하지 않으려면 실패를 되돌아볼 수 있어야 합니다. 실패한 것이 창피하다고 해서 앞만 보고 달려가면 언젠가 똑같은 실수를 반복하게 되거든요.

틀렸을 때 틀린 결과를 보지 말고 왜 틀렸는지를 따지고 분석해봐야 해요. 그럴 때 유용한 수단이 오답 노트입니다. 오답 노트는 단순히 오답을 기록하는 노트가 아니고 다시는 반복하지 말아야 할 잘못된 사고 패턴의 모음집이라고 할 수 있어요. 사람은 누구나 자신만의 생각이 있어서 한번 잘못된 생각을 하면 계속 그쪽으로 생각하는 경향이 있거든요. 그래서 한번 틀렸던 문제를 시간이 지난 다음에 다시 풀어보면 똑같은 오류로 다시 틀리는 경우가 많습니다. 오답 노트는 이런 걸 방지해 주죠.

오답 노트를 만들 때는 반드시 자신이 왜 잘못 생각했는지, 앞으로는 어떻게 생각해야 하는지를 문장으로 적는 게 중요해요. 적지 않고 눈으로만 읽다 보면 다음과 같은 실수를 반복하거든요. 시험은 자신의 주관적인 생각을 보편타당한 객관적인 생각의 기준에 맞추는 겁니다. 수능에서도 가장 많은 학생들이 선택한 번호만 고르면 전국 최상위권에 진입할 수 있어요. 결국 보편타당하게 생각하려면 자신의 주관적인 생각의 오류를 교정해야 하는데 이때 사용되는 교정기가 오답 노트입니다.

오대교

공부톡! 인생톡!

"오답 노트는 잘못된 생각을 고쳐주는 생각의 교정장치다."

PART 3
무엇을 공부해야 하나요?

문제를 많이 풀면
학교생활도 풀리게 돼있어.

1. 내신과 수능을 따로 준비해야 하나요?

결론부터 말씀드리면 내신과 수능은 동일한 교과개념을 서로 다른 유형의 시험으로 나눈 것에 지나지 않습니다. 결국, 내신과 수능을 따로 준비해야 하는 것이 아닙니다. 내신 준비가 곧 수능 준비고 수능 준비가 곧 내신 준비입니다.

오대교

황선찬

그래도 체감적으로 느끼기에 어느 정도 차이는 있지 않나요? 우리 아들도 내신과 수능의 유형이 달라서 한참 방황했던 적이 있거든요.

물론 유형이 다르다 보니 약간의 차이는 있습니다. 학교 선생님께서 출제하시는 내신 시험은 수업에 임하는 태도와 성실성, 그리고 꾸준함이 고득점의 비결입니다.

오대교

오대교

하지만, 모의고사나 수능시험은 출제 유형과 주제가 명확히 정해져 있지 않아서 학생에 따라서는 내신 시험이 더 어렵다고 느낄 수도 있습니다.

그러나 내신과 수능은 묻는 방식이 다를 뿐 본질적인 출제 주제는 동일합니다. 이때 가장 중요한 것이 기출문제 풀이 학습입니다. 모의고사나 수능 기출문제는 문항별로 정답률을 확인할 수 있습니다. 이런 데이터를 근거로 자신의 수준에 맞게 문제를 선택해서 풀면 내신은 물론 수능까지 한꺼번에 대비할 수 있습니다.

황선찬

모의고사를 구체적으로 어떻게 활용하면 좋을까요?

오대교

수학은 고2와 고3의 개념이 동일합니다. 고난도 문항을 공부하고자 하는 고2 학생은 고3 기출문제로 공부할 수 있고, 기초가 부족한 고3 학생은 고2 기출문제로 공부할 수 있습니다. 공부를 할 때는 자존심을 버리고 자기의 수준에 맞는 문제를 푸는 것이 중요합니다.

모의고사에서 비슷한 난이도의 문제만 모아서 보려면 EBS 사이트의 '문제 은행 서비스'를 추천합니다. 모의고사 문항별 난이도 및 오답률 정보들도 EBS 사이트에서 쉽게 확인이 가능합니다. 이 서비스를 잘 활용하면 문제를 찾고 편집하는 시간을 많이 줄일 수 있습니다.

공부톡! 인생톡!

"내신과 수능은 같은 개념을 다르게 묻는 것에 불과하다."

2. 불리한 내신을 극복할 방법이 있나요?

입시는 크게 수시전형과 정시전형으로 나눌 수 있습니다. 수시전형의 경우 교내 활동을 통해 다양한 경험을 쌓은 학생은 내신 외에도 다양한 평가 요소로 보는 전형이 많이 있습니다. 정시전형의 경우 수능 점수가 곧 대입 평가 요소가 되기 때문에 불리한 내신을 극복할 수 있습니다.

오대교

황선찬

그럼 입시전략을 짤 때 가장 먼저 해야 할 일은 무엇이죠?

자신이 목표로 하는 학교와 학과의 모집 요강을 확인하는 것입니다. 그래야 자신이 충족시켜야 할 조건이 무엇인지, 보완해야 할 조건이 무엇인지 파악할 수 있고 계획적으로 준비할 수 있습니다.

오대교

입시에는 내신 외에도 수많은 변수가 있기 때문에 1, 2학년 때 정해진 내신으로 대입의 결과를 섣불리 판단하는 것은 옳지 않습니다.

오대교

황선찬

그래도 요즘에는 수시로 70% 이상 간다고 하는데 내신이 가장 중요하지 않을까요?

내신만으로 대학에 가는 학생들은 극히 적습니다. 어차피 내신이 비슷한 학생들끼리 경쟁하기 때문에 거기서 다시 한번 수능이나 논술, 자기소개서, 면접 등으로 거르게 되거든요. 더구나 내신은 한 번 결정되면 끝입니다. 1학년 때 결정된 내신을 2학년 때 바꿀 수 있는 방법은 없어요. 그렇다면 바꿀 수 없는 내신을 한탄하기보다는 바꿀 수 있는 수능 쪽으로 눈을 돌리고 노력하는 것이 낫지 않을까요?

오대교

황선찬

요컨대 불리한 내신을 극복할 수 있는 방법은 수능이라는 말이네요.

오대교

정시모집단위에는 수능을 중심으로 가는 전형이 있습니다. 그러면 1, 2학년 때 내신이 부족하다고 하더라도 수능으로 충분히 뒤집을 수 있습니다. 수능은 수시전형으로 가더라도 최저등급을 충족시켜야 하고 정시전형으로 가면 가장 큰 변수가 됩니다. 즉 입시에서 수능은 선택이 아닌 필수입니다. 수능을 선택으로 알고 피해 가려는 학생들이 있는데 이런 학생들은 수능보다 더 치열한 소수점 단위의 내신 경쟁에 뛰어들어야 합니다.

공부톡! 인생톡!

"입시에서 수능은 선택이 아닌 필수다."

3. 모집인원이 많은 수시전형이 유리한가요?

수시전형이 정시전형보다 많은 인원을 선발하는 것은 사실입니다. 그러나 이 비율은 전국에 있는 모든 대학을 기준으로 만들어진 수치에 불과합니다. 서울권 대학으로 범위를 한정한다면 다르게 해석되어야 합니다. 서울권 대학은 수능최저요건을 충족시켜야 하는 경우가 대부분입니다.

오대교

황선찬

그렇다고 하더라도 많이 뽑는 수시전형이 합격할 확률이 더 높은 거 아닌가요?

흔히들 정시전형은 너무 조금 뽑아서 힘들다고 말합니다. 그러나 어느 쪽이 유리하다고 딱 잘라서 말할 수는 없습니다. 예를 들어 10명의 학생들이 대학에 가면 그 중 6~7명의 학생들은 이미 수시전형에서 합격해서 빠집니다.

오대교

다시 말씀드리면 내신이 1~3학년 내내 우수한 학생들이 수시전형에 합격했기 때문에 정시에는 그 친구들이 안 온다는 뜻이죠. 그렇게 생각하면 남은 3~4명끼리의 경쟁도 해볼 만합니다.

오대교

황선찬

수시에 합격하면 정시에 지원할 수 없으니까요. 정시로는 갈 수 없는 대학도 수시로 가능한 경우도 있고요.

수능 만점 맞은 친구가 서울대학교에 지원하지 못했다는 이야기가 가끔 신문에 나옵니다. 떨어진 게 아니라 아예 지원을 못 한 거예요. 아시다시피 수시에 합격을 하면 정시에 지원을 할 수 없습니다. 이렇게 보면 단순히 모집인원이 더 많다는 이유로 무조건 수시가 유리하다고 말할 수는 없습니다.

오대교

오대교

앞서도 말씀드렸다시피 고등학교 내신이 우수한 학생들이 대거 합격하는 전형이 수시전형입니다. 수시 합격 인원이 제외된 상태에서 정시전형이 진행되기 때문에 내신이 불리한 학생들에게 정시전형은 불리한 내신을 뒤집을 수 있는 역전의 기회가 될 수 있습니다.

4. 시기별 공부 계획은 어떻게 짜나요?

오대교

대입 준비는 시험 일정에 따라 시기별로 해야 할 일들이 정해져 있습니다. 고3이 되면 수능시험을 포함해 총 7번의 교육청, 평가원 시험이 진행됩니다. 즉 시험 일정에 따라 7번의 공부 계획을 세울 수 있는 것이죠. 이때 올바른 전략을 세우지 못하면 금보다 소중한 시간을 헛되이 흘려보낼 수 있습니다.

수능에서 한 등급을 결정하는 점수는 10점 내외입니다. 한 등급에 따라 서울권 대학과 기타 대학으로 갈릴 수도 있고, 인서울에서도 최상위권 대학과 그 이외 대학으로 나뉠 수 있습니다. 배점을 감안하면 고작 3문제가 대학을 좌우한다고 할 수 있습니다.

황선찬

3문제를 확실하게 더 맞추는 게 쉬운 일이 아닐 텐데요? 실수를 줄이는 것만으로는 한계가 있을 것 같은데 어떻게 단기간에 3문제를 더 맞출 수 있나요?

오대교

1주일에 1문제를 더 맞추는 것을 목표로 해야 합니다. 정밀한 데이터 분석을 통해 출제될 개념을 예상하고, 일주일 동안 그 한 가지 개념만 파고들면 누구라도 1문제를 더 맞출 수 있습니다. 그렇게 4주 동안 집중해서 공부하면 한 달에 1등급을 향상시킬 수 있습니다. 이것이 현 대입제도에서 수능시험을 가장 확실하게 준비하는 방법입니다.

매월 시험이 있으니까 30일 단위로 계획을 짜는 거죠. 위에서 말한 전략대로 하면 30일 동안 목표로 한 과목을 충분히 1등급 올릴 수 있습니다. 이렇게 7번의 시험을 치르면서 자신의 부족한 부분을 보완하면 충분히 원하는 결과를 얻을 수 있습니다. 이러한 전략에 맞춰서 수능시험이 있는 11월까지 모의고사 일정에 맞춰서 공부 계획을 짜는 것이 효과적입니다.

황선찬

그런데 30일마다 전 범위를 공부하는 게 가능할까요?

오대교

3월~6월 시험까지는 공부 분량이 적습니다. 전 범위를 시험 출제 단원으로 포함시키지 않기 때문이죠. 그래서 매월 모의고사 일정과 시험 범위를 확인하고 30일 단위로 공부 계획을 짜야 합니다. 결국, 30일 단위로 기출문제를 풀이하는 것이 대입 성공의 열쇠가 됩니다.

공부톡! 인생톡!

"30일마다 1등급씩 올리면 1년 후에는 어떤 목표든 이룰 수 있다."

5. 수능 문제를 정말 예상할 수 있나요?

오대교

결론부터 말씀드리면 수능 문제는 충분히 예상할 수 있습니다. 저도 재수를 하고 처음 수능을 공부할 때는 수많은 시행착오를 겪었습니다. 그러다 우연히 수능을 출제하는 한국교육과정평가원의 자료를 볼 기회가 있었습니다. 매번 수능시험이 치러지고 나면, 평가원에서 시험 출제의 방향과 이유를 객관적으로 발표한다는 것을 알게 되었어요. 평가원 자료로 공부의 방향을 잡았더니 정말로 문제들을 예측할 수 있더군요. 네 번째 시험에 이르러서는 수능 출제 방향에 대한 정확한 이해에 도달할 수 있었습니다.

황선찬

수능 문제를 구체적으로 어떻게 예측할 수 있죠?

첫 번째는 6월, 9월 모의평가를 분석하는 방법입니다. 6월, 9월 모의평가는 수능을 출제하는 교육과정평가원에서 출제하기 때문에 당해 연도 11월 수능과 직접적으로 연관됩니다. 지난 5개년 기출 자료를 분석해 보면 이러한 연관 관계를 보다 명확하게 확인할 수 있습니다. 6월, 9월 모의평가는 수능의 예고편이라고 할 수 있습니다.

오대교

두 번째로 EBS 연계교재를 분석하는 방법입니다. 수능 출제 기관인 평가원(한국교육과정평가원)에서 매년 발표하는 자료를 확인하면 수능은 EBS 교재와 50% 연계됩니다. 기출문제를 통해 유형 풀이 학습과 개념학습을 하면서 EBS 연계교재를 통해 적용하는 연습을 하면 수능이 요구하는 자료 해석 능력을 충분히 기를 수 있습니다.

황선찬

6월, 9월 모의평가에 나왔던 문제가 그대로 수능에 출제된다는 뜻인가요? 그러면 한번 풀어봤던 문제인데 틀릴 리가 없잖아요?

정확하게는 문제가 똑같이 출제되는 것이 아니고 핵심개념이 똑같이 출제되는 겁니다. 특히 수학은 문항 번호에 따른 출제 주제까지 똑같이 출제됩니다. 이게 1, 2년만 그런 것이 아니라 지난 10년 치 자료를 봐도 지속적으로 이런 패턴을 보여 왔어요. 그렇다면 올해 수능을 준비한다면 반드시 6월, 9월 모의평가를 철저하게 분석해서 거기에 나온 개념들을 확실하게 익혀야 됩니다. 많은 학생들이 이걸 몰라서 엉뚱한 공부를 하고 있죠.

오대교

"수능 문제는 이미 공개되어 있다. 모두들 무시할 뿐."

6. EBS 연계교재만 공부하면 될까요?

황선찬

수능시험에 EBS 연계교재에서 70%가 출제된다고 하던데, 그럼 정말 EBS 교재만 공부하면 충분히 준비할 수 있나요? 그럼 나머지 30%는 어떻게 준비하죠?

오대교

매년 EBS 연계교재 내용 중 50%가 수능시험에 반영되는 것은 사실입니다. 하지만 수험생들이 느끼는 체감 연계율은 낮습니다. 이는 EBS 교재의 문제를 그대로 출제하는 것이 아니라 수록된 개념을 출제하기 때문입니다. 즉, 문제 유형은 수능 출제 지침에 따라 출제기관의 형식을 따르기 때문에 학생들은 '다른 문제'로 느끼는 것이죠.

수능은 고등학교 교과과정 내에서만 출제한다는 원칙이 있습니다. 문제에서 묻고자 하는 교과 개념에는 변화가 없지만 문제를 묻고자 하는 형식 즉, 문제 유형과 자료에 변화가 있는 것이지요.

오대교

앞으로도 출제 가능한 모든 개념과 유형은 과거에 출제되었던 기출문제의 틀을 벗어날 수 없다는 것이 수능시험을 직접 10회 응시하고, 21년 동안 수능만 전문적으로 강의해 온 저의 결론입니다.

따라서 EBS 연계교재를 공부하기 이전에 기출문제를 통해 출제되는 주제와 문제 유형을 먼저 익혀야 합니다. 기출문제를 통해 기본개념과 출제원리를 학습한 다음 EBS 연계교재를 통해 적용하는 연습을 해야 50%의 연계율을 체감할 수 있습니다.

황선찬

그럼 70%는 해결되었다고 치고 나머지 30%는 어떻게 대비하나요?

오대교

나머지 50%도 기출 속에 답이 있습니다. 어떤 문제도 지난 5개년 치 기출문제의 범위에서 벗어날 수는 없습니다. 매년 EBS가 연계된다는 것은 개념과 자료가 연계되는 것이지 문제가 똑같이 출제되는 것이 아닙니다. 기출문제를 먼저 공부하고 그다음에 EBS 교재를 공부하는 것이 맞습니다.

오대교

공부톡! 인생톡!

"EBS도 결국은 기출로 통한다."

7. 수능 등급을 단기간에 올릴 수 있나요?

황선찬

수능은 점수가 아니라 등급이 중요하다던데 사실인가요?

오대교

네. 현 대입제도는 100점 만점에서 몇 점을 득점했는가보다 과목별 등급이 더 중요 합니다. 자신이 원하는 대학교 모집 전형에서 과목별로 반영하는 등급을 확인하고, 이러한 등급 조건을 맞추는 전략이 필요합니다.

황선찬

많은 수험생들이 노력에 비해 결과가 낮게 나온다는 말을 많이 합니다. 수능시험에서 등급을 단기간에 올릴 수 있는 노하우가 있을까요?

오대교

저도 21년 동안 수능 강의를 하면서 효과적으로 성적을 올릴 수 있는 방법을 끊임없이 연구했습니다. 이러한 고민의 결론으로 만들어낸 프로그램이 '수능만점, 30일 1등급 향상 절대공부법'입니다. 수능은 출제 주제와 그 범위가 정해진 시험입니다. 다시 말해, 충분히 예상 가능 범위 내에서 출제됩니다.

성적 향상을 위해서는 가장 먼저 현재 자신의 취약 부분을 찾는 일입니다. 매 시험이 끝나면 EBS 사이트에 과목별로 오답률이 높은 문항 BEST 5가 공개됩니다. 현재 1~2등급의 학생이라면 이 다섯 개의 문항을 집중적으로 공부하고, 현재 3~5등급의 학생이라면 오답률이 높은 다섯 개의 문항을 제외한 다른 문항을 집중적으로 공부하는 것이 효과적입니다.

황선찬

참 단순하면서도 명쾌한 방법이네요.

진실은 단순합니다. 정리하자면 우선 문항 분석을 통해 내가 풀어야 할 문제의 범위를 정해야 합니다. 그리고 현재 내가 틀리고 있는 3문제, 과목별 3문제를 더 맞추어야 합니다. 반드시 출제되는 문제 3문제를 더 맞추는 것이 10점 확보, 1개 등급 상승의 비결입니다. 이 방법이 수능을 10번 응시한 제가 알고 있는 수능 등급을 단기간에 올릴 수 있는 가장 확실한 방법입니다.

오대교

공부톡! 인생톡!

"자신의 수준에 맞는 문제를 집중적으로 푸는 것이 등급 상승의 비결이다."

8. 기출문제 풀이 학습이 그렇게 중요한가요?

오대교

제가 매년 수능에 응시하면서 느끼는 점은 "정말 출제된 것만 출제된다."는 것입니다. 자료의 모양은 변할 수 있지만, 문제에서 묻고자 하는 본질에는 변함이 없습니다. 앞으로도 이러한 틀은 변함이 없을 것입니다. 과거를 통해 미래를 충분히 예측할 수 있습니다.

세상의 그 어떤 자료도 출제기관에서 직접 만든 자료보다 중요한 자료는 없습니다. 출제기관에서 만든 기출문제는 이미 15년 치 이상의 막대한 분량이 누적되어 있습니다. 이것만 보아도 수능을 준비하기에 차고 넘치는 양입니다. 수능을 잘 보려면 수능을 공부해야 합니다. EBS 연계 교재를 비롯한 그 밖의 어떤 자료도 기출문제에 비하면 2순위에 불과합니다.

황선찬

하지만 문제풀이는 개념을 먼저 철저하게 익힌 다음에 해야 하는 것 아닌가요?

오대교

좋은 질문입니다. 저는 학생들에게 항상 기출문제 풀이를 통해 개념을 학습하라고 말합니다. 끝에서부터 시작하는 거죠. 일단 개념 공부가 안 되어 있다고 하더라도 기출문제 5년 치 자료를 풀면 어느 부분을 공부해야 할지 감이 생깁니다. 눈으로 보면서 '아, 이런 개념을 묻는 문제는 매번 나오는구나.'하면서 먼저 느낀 다음에 공부하는 것과 무작정 개념공부를 하고 문제를 푸는 것과는 효율 면에서 큰 차이가 납니다.

만약 한 달 뒤 여자 친구 생일에 피아노를 쳐야 한다면 어떻게 해야 할까요? 악보도 볼 줄 모르는데 피아노의 기본기를 다 익힌 다음에 하려면 1년이 있어도 부족할 것입니다. 그럴 때는 딱 한 곡을 그냥 외워서 치는 방법밖에 없습니다.

오대교

그러면 여자 친구나 주위 친구들이 보면 피아노를 칠 줄 아는 것처럼 느껴지겠죠. 그러면서 자신감과 흥미를 가지게 되고 다른 곡도 도전하고 이렇게 발전하는 것이죠.

개념을 다 익히고 문제를 푸는 것이 아니라 문제를 풀면서 개념을 익히는 게 빠릅니다. 문제가 출제되는 범위와 유형은 정해져 있거든요. 제안된 범위 내에서 공부를 하니까 성적도 빠르게 오르고 성취감도 느낄 수 있습니다. 이것이 기출문제를 활용하는 중요한 방법입니다.

공부톡! 인생톡!

"기출문제를 통해 개념을 익히는 것이 가장 빠르다."

PART 4
수능의 본질을 알려주세요

30일 우습게 보지마.
인생을 한 차원 올릴 수 있지.

1. 30일 1등급 올리기 어렵지 않아요!

황선찬

흔히 '3월 모의고사 성적이 수능까지 간다.'는 말이 있잖아요? 수능 전문가는 이 말에 대해 어떻게 생각하시는지요?

오대교

정말 그렇다면 공부를 할 필요가 없겠죠. 그 말은 열심히 노력하지 않은 학생들의 변명에 불과합니다. 성적이 꼭 공부 기간과 비례하는 것은 아닙니다. 저는 학생들에게 한 달에 1등급씩 올리는 공부 방법을 추천합니다.

수능시험은 한 등급을 올리느냐 올리지 못하느냐가 대학의 당락을 결정합니다. 수능에서 한 등급을 결정하는 점수는 10점 내외로 배점을 감안하면 고작 3문제 정도가 바로 그 당락을 가른다고 할 수 있어요.

오대교

따라서 정밀한 데이터 분석을 통해 출제될 개념을 예상하고, 일주일 동안 그 한 가지 개념만 파고들면 누구라도 1문제를 더 맞출 수 있습니다. 그렇게 4주 동안 하게 되면 결국 한 달에 1등급을 향상시킬 수 있는 거죠. 이것이 제가 강조하는 〈수능 30일 1등급 향상 절대공부법〉의 핵심입니다.

황선찬

실제로 그런 방법을 통해서 효과를 본 학생들이 많이 있나요?

오대교

물론입니다. 고3 동안 성적을 많이 향상시킨 학생들은 공통적으로 모의고사 기출문제 풀이 학습을 30회 정도 풀었습니다. 고1~2학년 시기의 성적에 따라 6개월이 걸리는 학생도 있었고 1년이 걸리는 학생도 있습니다. 하지만 기본적으로 30회의 모의고사를 풀면 취약한 부분을 개선할 수 있고 이것이 놀라운 성적 향상을 만들어냈다고 생각합니다.

"성적이 반드시 공부기간과 비례하는 것은 아니다."

2. 꿈을 생각하면 공부가 즐거워요

많은 학생들이 성적에 맞춰서 꿈을 꿉니다. 하지만 저는 이렇게 말씀드리고 싶어요. 처음에는 내가 꿈을 만들지만, 나중에는 꿈이 나를 만든다고요. 성적에 꿈을 맞추는 것이 아니라 꿈의 크기에 맞추어 성적을 높여야 합니다. 즉, 성적이 높아서 목표대학에 가는 것이 아니라 목표대학을 정했기 때문에 성적을 높일 수 있는 거죠.

오대교

황선찬

제가 쓴 《사하라로 간 세일즈맨》을 보면 '별을 보면서 뻘을 걸어라.'라는 말이 나와요. 사실 뻘은 질척질척하잖아요. 그래서 한번 발을 빼면 또 다른 발이 깊이 들어가는 거예요. 그런데 별처럼 선명한 꿈을 보면서 나아가면 그런 힘든 뻘도 즐겁게 지나갈 수가 있습니다.

오대교

일본인들이 많이 기르는 관상어 중에 코이라는 잉어가 있어요. 이 잉어를 작은 어항에 두면 5~8cm밖에 자라지 않지만 큰 수족관이나 연못에 넣어 두면 15~25cm까지 성장합니다. 자기가 숨 쉬고 활동하는 세계의 크기에 따라 피라미가 될 수도 있고 대어가 될 수도 있는 거죠. 이처럼 꿈의 크기에 따라 어디까지 성장할 수 있느냐가 정해집니다.

저 역시도 고등학교 때 수학 내신을 0점을 맞았던 적이 있었어요. 그런데도 저는 나중에 별을 보며 평생을 살고 싶다는 꿈을 꾸었고 그 꿈을 이루려고 의대를 목표로 했습니다. 어쩌면 고등학교 이과에서 수학 내신 0점이 의대를 목표로 한다는 게 말도 안 되죠. 근데 참 희한했던 것이 '꿈은 있으니까 노력만 하면 된다.'라는 생각이 들었습니다.

황선찬

노력하니까 사하라 사막 마라톤이 생각나네요. 저는 사하라 사막 250km를 마라톤으로 완주했어요. 가기 전에 1년 동안 1,000km를 뛰었는데 그냥 뛴 게 아니고 배낭에 5kg짜리 아령을 넣고 뛰었어요. 사막에서의 레이스는 먹을 것을 다 짊어지고 뛰니까요. 아마 사막에 간다는 꿈이 없었으면 그렇게 하지 못했을 겁니다.

미래는 현재의 내 모습이 아닌 현재의 내 꿈에 따라 결정이 됩니다. 고3 시기를 꿈을 향해 노력해서 좋은 결과를 만들어 내는 학생들을 수없이 많이 보았습니다. 우리 학생들이 꿈은 견인차 역할을 한다는 사실을 꼭 명심했으면 합니다.

오대교

공부톡! 인생톡!

"처음에는 내가 꿈을 꾸지만 나중에는 꿈이 나를 이끈다."

3. 힘들었던 고3 시기가 삶의 버팀목이 되었어요!

오대교

매월 신학기가 되고 3월이 되면 전국단위 모의평가를 보게 됩니다. 시험을 본 많은 학생들이 성적이 좋지 않게 나왔다고 고민하게 되지요. 저는 그런 학생들에게 이렇게 질문합니다. "1년 뒤 모습을 상상했을 때 오늘을 만족할 수 있는가?"라고 말이지요. 스스로에게 던지는 이와 같은 물음을 항상 잊지 말고 지금 내게 주어진 하루를 충실히 보내야 한다고 조언을 합니다.

저는 수험생활을 '자신이 되고 싶은 1년 뒤 모습을 그리고 그 모습에 다가가는 시간.'이라고 정의합니다. 컨설팅을 하다 보면 처음에는 막연했던 꿈이 시간이 지나면서 구체적인 현실로 변했다는 이야기를 많이 듣습니다. 이 과정을 통해 배운 습관이 대학생활과 사회생활에 큰 도움이 되었다는 제자의 이야기도 생각납니다.

황선찬

저는 고등학교 2학년 때까지 형님들 일을 도와줘야 해서 공부를 거의 못했어요. 그래서 그걸 만회하기 위해서 3학년을 치열하게 보냈죠. 그래서 저는 고등학교 때로 다시 돌아가라고 하면 절대 돌아가고 싶지 않아요. 그래도 그 시기를 잘 버틴 게 살아오면서 삶의 튼튼한 버팀목이 되었다고 생각됩니다.

오대교

제 경우도 마찬가지였습니다. 고등학교 3학년까지 공부를 안 했으니까 재수 때 정말 치열하게 했거든요. 그런 경험들이 나중에 대학생활을 하거나 사회생활을 할 때 어려운 일을 이겨낼 수 있는 버팀목이 된 것 같습니다.

고3이라는 시기는 결과만 놓고 생각하면 소모적인 시간이 되어버려요. 과정에서 의미를 찾아야 노력한 만큼 강하게 단련되는 생산적인 시기가 됩니다. 저도 이따금 나태해질 때면 치열했던

20대를 떠올리며 마음을 다잡습니다. 치열했던 시기가 있었기 때문에 지금의 제가 있다고 생각합니다.

오대교

 공부톡! 인생톡!

"공기저항 없이 비행기는 1㎜도 날 수 없다."

4. 공부의 기준을 정했더니 슬럼프가 없어졌어요

오대교

황 작가님께서 집필하신 《사하라로 간 세일즈맨》을 보면 이런 내용이 나옵니다. 볼링을 칠 때는 볼링핀이 아니라 에임 스팟을 보고 쳐야 한다고요. 공부도 마찬가지 아닐까요? 막연하게 1등급만 목표로 하기보다 명확한 자신만의 기준을 만들면 그게 객관적인 공부의 기준이 되는 거죠.

자신만의 기준이 있으면 지치지 않습니다. 시험이 쉽건 어렵건 스스로 정한 기준을 지키면 되니까요. 목표가 크고, 장기적일수록 나에게 주어진 오늘, 한 달 후, 1년 후에 해야 할 과제에 집중해야 합니다. '지금, 여기서' 해야 할 과제들을 수행하면 결코 슬럼프에 빠지지 않아요.

황선찬

맞아요. 저도 세일즈를 하다 보면 사람을 만나야 하거든요. 하루에 5명을 만나겠다는 기준을 정하고 지키면 슬럼프가 없어

황선찬

요. 그런데 몇 명 만나지도 않고 좋은 실적을 내려고 하면 성과가 없다고 실망하는 거죠. 에임 스팟과 같은 기준은 걱정과 슬럼프를 없애주는 명약이에요. 공부에서는 구체적으로 에임 스팟을 어떻게 정할 수 있을까요?

오대교

수학 문제를 하루에 30문제씩 풀면 1등급, 20문제씩 풀면 2등급, 10문제씩 풀면 3등급을 받을 수 있습니다. 하루 30문제라고 하면 한 달이면 900문제를 공부할 수 있는 분량이 됩니다. 이 정도 기준을 달성하면 충분히 1등급을 맞을 수 있는 거죠. 이것이 수학공부에서의 에임 스팟입니다. 다른 과목도 마찬가지입니다. 이렇게 자신만의 명확한 기준이 있는 학생들은 모의고사 성적이 잘 안 나왔다고 실망하거나 오늘 무엇을 할지 몰라 슬럼프에 빠지지 않습니다. 성적이 잘 안 나온 원인은 기준을 달성하지 못했기 때문이라는 것을 수치로 확인할 수 있기 때문에 다시 공부에 집중할 수 있거든요. 이렇듯 기준이 명확하면 실행 여부만을 확인하면 되기 때문에 불필요한 주관적인 판단이 사라집니다.

오대교

황선찬

나도 예전에 코칭자격시험을 보기 위해 준비한 적이 있어요. 시험을 1달 앞두고 다양한 대상들과 40회 실습을 하는 것을 기준으로 정했어요. 그때부터 합격은 신경 쓰지 않고 40번의 실습에 집중했는데 30회가 넘어가니까 코칭에 자신감이 생기더라구요. 결국 부담 없이 시험을 치르고 합격할 수 있었어요.

"매순간 최선을 다하면 슬럼프는 앉을 곳이 없어서 돌아간다."

5. 수능은 기출이 답이다

오대교

저는 항상 학생들에게 수능 문제보다 좋은 문제는 없다고 이야기합니다. 수능을 출제하는 기간은 실상 1년이에요. 6월, 9월 모의평가를 통해 문제를 개선하고 11월에 완성되는 게 수능이죠. 시중의 어떤 문제가 수많은 최고의 선생님들이 1년 동안 공들여 출제하는 시험보다 좋을 수 있겠습니까? 질적인 부분에서 가히 최고라고 할 수 있겠죠.

기출문제의 또 다른 장점은 양적으로도 방대하다는 점입니다. 이렇게 질적으로, 양적으로 최고의 수준에 있는 기출문제를 풀면 어떤 문제도 그 범위를 벗어날 수 없습니다. 기출은 모든 시험의 시작이자 끝입니다. 재수생이든 고3이든 기출문제를 중요하게 여긴 학생들치고 실패하는 경우를 보지 못했어요. 어떤 시험을 치를 때 그 시험과 가장 유사한 문제를 푸는 게 유리한 것은 당연하겠죠? 수능과 가장 유사한 문제는 수능 기출문제입니다.

황선찬

기출문제를 효과적으로 활용하려면 어떻게 하면 좋을까요?

오대교

간혹 기초 개념이 부족하다고 기출문제 풀이를 뒤로 미루는 학생들이 있어요. 그러나 기초 개념은 기출문제를 풀면서 익히는 것이 가장 효율적입니다. 기초 개념을 먼저 공부하려면 너무 범위가 넓습니다. 어떤 개념이 중요하고 중요하지 않은지도 판단하기 힘들죠. 그러나 중요한 개념은 시험에 반복적으로 출제되거든요. 따라서 기출문제를 통해 중요한 개념을 먼저 학습해야 시간을 절약할 수 있습니다.

황선찬

EBS 연계교재보다도 기출문제가 더 중요하겠군요?

물론입니다. 간혹 수능에 0% 연계된다고 EBS 교재만 보는 학생들이 있는데 이는 주객이 바뀐 겁니다. 수능 기출문제는 연계율 100%라고 감히 말씀드릴 수 있습니다. EBS 교재는 기출문제 풀이 학습을 끝낸 다음에 해도 늦지 않습니다. 다시 말씀드리지만 수능의 시작과 끝은 기출문제입니다.

오대교

공부톡! 인생톡!

"수능과 가장 닮은 문제는 수능 기출문제다."

6. 오답을 즐겨라!

오답은 즐거워야 합니다. 저는 모의고사를 끝내고 온 학생들에게 모의고사는 모의고사일 뿐이라고 말합니다. 수능이 아니기 때문에 당장의 결과에 실망할 것이 아니라 개선해 나가면 그만이라는 뜻입니다.

모의고사를 통해 학생들은 자신의 취약점에 대한 데이터를 확보할 수 있습니다. 오답 문항을 알게 되었다면 오답노트를 만들어서 오답을 객관화할 수 있는 기록으로 만들어야 합니다.

오대교

황선찬

김미경 강사는 '실패라는 것은 없다 부족한 성공이 있을 뿐이다.'라고 말한 적이 있어요. 50% 성공, 60% 성공, 70% 성공들이 창고에 쌓여 있다가 나머지가 채워지면 성공으로 간다는 거죠. 이런 의미에서 볼 때 오답노트 작성은 오답을 정답으로 만들어 나가는 과정이 아닐까요?

오대교

맞습니다. 지속적인 노력이 모이고 모이면 성적 향상이라는 결과를 만들어내죠. 잔잔하게 물이 찬 유리잔에 물방울이 떨어지면 물이 넘치죠? 그러나 그렇게 되기 위해서는 그 이전에 수많은 물방울이 쌓여서 유리잔을 채워야 합니다. 결코, 물방울 하나가 우연히 잔을 넘치게 하는 것이 아니라는 거죠.

성적 향상의 비결은 잘하는 것을 더 잘하는 것이 아니라 부족한 부분을 개선하는 데 있습니다. 단기간에 성적을 많이 올리는 학생들은 많은 문제를 풀고 다양한 실수를 거치면서 개념을 명확하게 이해합니다. 그러니 이러한 과정을 알고 있는 학생들에게 오답이 즐거울 수밖에 없지요. 자신의 부족한 점을 선생님보다 정확하게 알려주니까요.

황선찬

홈런왕 베이브 루스가 이런 말을 남겼죠. '스트라이크를 당할 때마다 나는 다음번 홈런에 더 가깝게 다가간다.'고요. 오답을 실패라고 생각하면 트라우마가 되지만 성공으로 가는 과정으로 생각하면 즐길 수 있어요. 그 모든 실패의 물방울이 성공의 잔을 가득 채우고 있으니까요.

공부톡! 인생톡!
"오답 속에 정답이 숨어있다."

7. 수능으로 내신을 극복했어요!

오대교

내신 시험은 학교 선생님께서 출제하시기 때문에 수업 태도와 성실성 그리고 꾸준함이 고득점의 비결입니다. 하지만 모의고사나 수능처럼 출제 유형과 주제가 명확히 정해져 있지 않아요. 그래서 학생에 따라서는 내신을 더 어렵게 느끼는 경우도 많습니다.

예전에 내신으로 고민하는 학생에게 내신에서 다루는 것과 같은 개념을 모의고사를 통해 학습하도록 지도한 적이 있습니다. 모의고사는 EBS 사이트의 문제 은행 서비스를 이용하면 문항별로 정답률을 확인할 수 있습니다. 객관적인 데이터를 바탕으로 자신의 수준에 맞는 문항들을 선택해서 수준별 학습을 했더니 결국 내신 성적도 향상되더군요.

황선찬

내신으로만 대학에 가면 내신이 불리한 학생들은 어떻게 해야 하죠?

보통 내신이 좋아서 원하는 대학교에 합격하기 위해서는 1~3등급 이내의 성적을 받아야 합니다. 계산해 보면 전교생 300명 중 상위 50명 정도만 해당되죠. 그렇다면 나머지 250여 명의 학생들은 대학을 어떻게 가야 할까요?

고등학교 내신은 3년 전체의 성적을 총합해 산출하게 됩니다. 반영비율을 보면 일반적으로 고3 시기의 내신 시험이 전체 비중에서 50%를 차지합니다. 1~2학년 때 응시한 8번의 내신과 비율에서 동등한 것이지요. 따라서 고3 때만 집중해서 공부하면 지난 2년간의 내신도 보완할 수 있습니다.

오대교

황선찬

아, 내신이라고 하더라도 1, 2, 3학년이 비중이 다 같지가 않군요. 하지만 고3이 되면 수능을 준비하느라 내신에 신경 쓸 여유가 없지 않을까요?

고3이 되면 거의 모든 학교에서 EBS 수능 연계 교재를 학교 내신 교재로 사용합니다. 시험도 EBS 교재에서 나오죠. 따라서 고3이 되면 내신 공부와 수능 공부의 구별이 사라집니다. 내신 공부가 곧 수능 공부가 되고 수능 공부가 곧 내신 공부가 되는 것이죠.

오대교

공부톡! 인생톡!

"내신 준비가 곧 수능 준비다."

8. 30일 단위로 공부를 계획했어요

황선찬

사막에서 멀리 가려면 자주 쉬어야 해요. 오아시스에 들러서 지난 시간도 돌아보고 정보도 얻고 에너지도 충전시키고 미래를 계획해야 멀리 갈 수 있죠. 속이 빈 대나무가 높이 자라는 이유가 뭔지 아세요? 중간에 단단한 마디가 있기 때문이에요.

공부를 할 때도 마디를 만들 듯이 작은 단위로 계획을 세우는 것이 좋습니다. 단기간에 성적을 향상시킨 학생들의 공통점은 작은 목표를 세우고 실행에 옮겼다는 점이에요. '수능까지 1년 남았다.'와 같이 막연하게 계획을 세우는 것이 아니라 '다음 모의고사 때까지 한 달이 남았다.'와 같이 작은 목표 계획을 세우는 것이죠.

오대교

혹시 마감 효과라고 아시나요? 마감이 다 가올수록 작업 효율이 급속도로 높아지는 것을 말합니다. 마감을 멀리 잡을수록 효율은 떨어집니다. 1달을 잡든, 3달을 잡든 어차피 집중해서 공부하는 기간은 마감 일주일 전부터거든요. 요컨대 마감을 자주 설정해서 매 순간 전력을 다하는 것이 핵심입니다.

오대교

황선찬

하긴 저도 무슨 일을 할 때 막판에 몰려서야 힘을 내서 한 적이 많아요.

고3이 되면 매월 모의고사 일정에 따라 30일 단위로 작은 목표를 계획하고 실천하면 됩니다. 이러한 작은 성공의 경험이 6~10개월간 누적되면 결국 자신감으로 연결되거든요. 나날이 성장하고 있다는 확신을 가지고 스스로 동기 부여를 할 수 있는 것이죠. 이렇게 외부의 보상이 아닌 내적인 욕구에서 비롯한 동기 부여를 '내적 동기 부여'라고 합니다.

오대교

제가 30일 단위로 공부를 계획하라고 말하는 이유는 모의고사는 출제 범위가 정해져 있기 때문입니다. 한꺼번에 수능 전 체과정을 공부하기는 힘들어도 매 시험마다 정해진 범위를 공부하는 것은 어렵지 않습니다. 교육청 모의고사와 평가원 모의고사는 9월에 가서야 출제 범위가 같아집니다. 따라서 매월 모의고사 일정과 시험 범위를 확인하고 매월 단위 즉, 30일 단위로 공부 계획을 짜면 됩니다.

오대교

"공부에도 대나무처럼 마디가 필요하다."

PART 5
진로는 어떻게 찾아야 할까요?

사막에는 길이 없어.
길을 따라가지 말고 만들어 가.

1. 꿈은 어떻게 찾아야 할까요?

황선찬

꿈을 찾으려면 우선 스스로 원하는 것이 무엇인지 알아야 해요. 내가 만난 어떤 대학생은 어릴 때부터 꿈이 끊임없이 바뀌었어요. 초등학생 때는 과학자였다가 중학교 때는 요리사를 꿈꾸었고, 고등학생이 되어서는 수의사가 되고 싶어 했죠. 결국 고등학교 2학년 때부터 건축가가 되기로 마음먹고 지금까지 건축을 공부하고 있어요.

이상하게 들리겠지만 어쩌면 뭘 해야 할지 모를 때가 좋을 수도 있어요. 그 말은 곧 결정되지 않은 미래가 무한히 펼쳐져 있다는 뜻이니까요. 일단 결정된 인생은 돌이키기가 어려워요.

황선찬

중요한 것은 꿈을 찾는 과정에 있는 자신을 학대하지 않는 것입니다. 남보다 늦는 게 항상 나쁜 것은 아니거든요.

그렇다면 꿈을 빨리 이룰 수 있는 비결이 있을까요?

오대교

황선찬

꿈은 항상 입버릇처럼 말하고 다녀야 해요. 저는 1년 안에 하고 싶은 것, 10년, 30년 안에 하고 싶은 것을 적고, 만나는 사람들에게 이야기해요. 그러면 그 사람들도 나에게 자신의 꿈을 이야기하거나 나의 꿈을 이루는 데 도움을 주죠. 꿈은 감춰두지 마세요. 동네방네 떠들고 다녀야 온 세상이 꿈을 이루도록 도와주니까요. 지금 당장 꿈이 없다고 해서 부끄러워하거나 너무 불안해할 필요도 없어요.

꿈이란 위대한 사람이 나에게 주거나 내가 태어날 때부터 가지고 있는 것이 아닙니다. 꿈을 가지려면 내가 누구인지, 내가 잘할 수 있는 것이 무엇인지 끊임없이 고민하고 상상해 봐야 합니다.

꿈이 여러 개인 사람은 어떻게 해야 할까요? 나머지는 포기해야 하나요?

오대교

황선찬

꿈이 꼭 하나일 필요는 없어요. 단, 여러 개의 꿈을 가진 사람은 우선 성취 가능한 꿈부터 시작해야겠죠. 처음부터 꿈의 성취에 실패하면 다음 꿈에 대한 도전을 망설이게 되거든요. 그러니 우선순위를 정해야 해요. 작은 꿈의 성취에서 맛본 희열이 점차 큰 꿈에 도전하도록 만드는 기폭제가 될 것이니까요.

황선찬

아직 꿈이 없다는 것에 너무 마음 상하지 않도록 잘 챙기세요. '상대성 이론'을 만든 아인슈타인도 어릴 때 저능아라고 놀림을 받았고, 2차 세계대전을 승리로 이끌었던 영국 수상 처칠도 어릴 때 말도 더듬고 학습 부진도 겪었어요. 하지만 그러한 어려움을 극복하고 인류를 이롭게 하는 일을 결국 해내지 않았습니까? 가장 중요한 것은 나 자신이 소중한 존재라는 것 을 인식하는 것이니까요.

공부톡! 인생톡!

"학창 시절은 꿈을 이룰 시기가 아니라 꿈을 찾을 시기다."

2. 어떤 기준으로 학과를 선택하면 좋을까요?

황선찬

수능 점수에 맞춰 대학 학과를 선택하거나 주위의 시선 때문에 의학과, 법학과, 경영학과 등 인기 학과를 선택하고 나중에 후회하는 학생들이 많아요. 적성이나 흥미가 맞지 않다면 대학생활이 재미없고 힘들어지죠. 신화학자 이윤기 씨는 이런 말을 했어요. "좋아하는 일을 하면 자주 하게 되고, 자주 하게 되면 잘하게 된다."고요.

오대교

무엇보다 자신의 적성발견이 중요합니다. 적성을 모르면 성적에 맞춰서 혹은 부모님이나 선생님의 추천으로 학과를 선택하게 되는데 이럴 경우 전공을 살리지 못하고 다시 수능을 준비하는 친구들이 많거든요. 그런데 자신의 적성은 어떻게 알 수 있을까요?

황선찬

적성의 기준을 너무 어렵게 생각할 필요는 없어요. 친구들이 "너 노래 정말 잘하더라!", "너 역사에 대해 정말 많이 알더라?!"라는 소리를 자주 들으면 그 분야에 적성이 있다고 봐도 좋아요. 누구나 좋아하기도 하는데 잘하는 것이 하나쯤은 있거든요.

학과를 선택하는 또 다른 기준은 미래의 유망직업과 관련 있는 학과를 선택하는 것이죠. 지금의 인기직업이 10년, 20년 후에도 인기직업으로 유지될지는 알 수가 없어요. 자신의 흥미, 적성 등을 고려하여 유망학과를 선택해야지요. 향후 10년간, 그 일을 하면 돈을 한 푼도 못 벌지도 모른다 해도 즐겁게 할 자신이 있다면 가장 좋죠.

황 작가님은 적성에 맞는 학과를 선택하셨나요?

오대교

황선찬

사실 저는 점수에 맞춰서 학교와 학과를 선택했는데 지금까지 잘 살고 있어요. 은행을 첫 직장으로 선택한 후 12년 동안 다니다 스스로 나와서 가장 힘들다는 세일즈를 21년 동안 했죠. 지금은 5권째 책을 쓰고 있는 작가이자 강사로 활동하고 있어요. 학과는 적성대로 선택하지 못했지만, 생활은 적성대로 살고 있다고나 할까요?

어느 쪽을 선택하든 가장 중요한 것은 자신이 '행복'을 느끼는 것입니다. 사법시험에 합격하고도 변호사를 그만두고, 하고 싶었던 서점을 운영하는 사람도 있고, 어려운 의사고시에 합격하고도 노래를 하고 싶은 꿈을 포기하지 않고 가수가 된 사람도 있어요. Good이라는 말에는 Go가 들어있어요. '좋으면(Good) 그 길로 가라(Go).'는 뜻이죠. 좋으면 주저하지 말고 그 길로 가세요.

공부톡! 인생톡!

"인생에 정답은 없다. 내가 가는 곳이 길이다."

3. 내가 원하는 직업이 인공 지능으로 사라질 것 같은데 어떡하죠?

황선찬

햇불로 저글링을 할 때 햇불을 보면 무서워서 저글링을 할 수가 없어요. 햇불의 손잡이만 봐야 하죠. 문제보다는 해결 방법에 집중하란 뜻입니다. 인공 지능이 발달하면 줄어드는 일자리도 있지만 늘어나는 일자리도 있거든요. 늘어나는 일자리에 주목하는 것이 해결 방법에 집중하는 것이죠.

이와 똑같은 논란이 산업혁명기에도 있었어요. 기계가 인간의 노동력을 대체하면 인간은 다 실업자가 된다는 우려가 넘쳐났죠. 아무리 숙달된 노동자가 일을 해도 기계를 따라잡을 수는 없으니까요. 그래서 당시 영국에서는 '러다이트 운동'이라고 기계를 파괴하는 운동까지 일어났어요. 그러나 지금은 어떻죠? 산업화가 되면서 오히려 더 많은 일자리가 생겨났죠.

오대교

예전 부모님 세대처럼 대학 전공을 살리는 평생직업이라는 이야기는 이미 옛말이 되었습니다. 지금은 인생을 살면서 몇 번의 직업을 갖는 시대가 된 것이지요. 핵심은 차별성입니다. 격변의 시기에 남과 똑같은 사람은 제일 먼저 도태되거든요.

황선찬

1차 산업혁명은 18세기 영국에서 시작된 기계화를 말하고 2차 산업혁명은 19세기의 대량생산이 본격화된 시기를 말합니다. 3차 산업혁명은 20세기의 컴퓨터 정보화 및 자동생산시스템을 말하죠. 지금은 4차 산업혁명의 시기입니다. 인공 지능, 로봇 기술, 생명 과학이 주도하는 차세대 산업혁명기입니다.

지금 인공 지능은 다양한 분야로 발전하고 있어요. 단순노동을 대신하는 로봇부터 많은 데이터를 저장하고 분석하는 컴퓨터, 자율 주행 자동차 등. 대기업들은 인공 지능과 소프트웨어 개발 분야의 소기업, 중소기업 투자에 비중을 키우고 있습니다.

황선찬

결국엔 인공 지능을 만들어내는 것은 사람이기 때문에 인공 지능을 개발할 수 있는 능력을 보유한 사람이 중요해질 것입니다.

좀 더 구체적으로 어떤 직업군이 생겨날까요?

오대교

황선찬

제일 먼저 '빅데이터 분석가'가 유망합니다. 기계의 지능화는 빅데이터를 기반으로 생성되거든요. 따라서 데이터를 모으고 분석하는 사람의 역할이 중요해지는 거죠. 다음으로 컴퓨터나 로봇이 의사결정을 내릴 수 있는 프로그램을 개발하는 개발자가 유망하고요, 그 밖에도 3D프린팅 운영 전문가, 드론 전문가, 생명정보 분석가, 소프트웨어 교육과 관련한 직업들이 유망해질 것으로 봅니다.

황선찬

인공 지능 때문에 사라질 가능성이 100%인 직업에 매달릴 필요는 없어요. 아무리 인공 지능이 발달해도 인간만이 할 수 있는 직업을 찾아내서 그 분야의 전문성을 기르도록 노력해야 해요. 설사 인공 지능으로 사라질 직업이라 해도, 근시일 내에 없어지는 것이 아니라면 그 직업을 가져 보는 것도 괜찮습니다.

오대교

결국 현재에 맞게 준비해가면서 변화의 속도에 맞춰 지속적으로 공부하는 것이 현명하겠군요. 대학 시기를 거쳐 사회생활을 하다 보니 학창 시절보다 더 많은 경험과 공부가 필요하다는 생각을 했어요. 미래 사회에서 배움은 학생들의 전유물이 아닌 생존을 위한 필수 조건이라고 할 수 있습니다.

공부톡! 인생톡!

"직업의 문이 하나 닫히면, 또 다른 직업의 문이 하나 열린다."

4. 내가 잘할 수 있는 일이 무엇인지 모르겠어요

황선찬

자신이 하고 싶은 일을 알기 위해서는 아무에게도 방해받지 않는 공간에서 깊이 생각해보는 게 좋습니다. 자신이 어떤 일을 했을 때 가슴이 뛰었는지, 어떤 일을 했을 때 밤새 그 일을 해도 힘이 들지 않았는지를 먼저 생각해보세요. 그리고 가슴이 시키는 일을 하면 됩니다.

이렇게 심사숙고해서 얻은 결론으로 행한 일이라도 자신과 맞지 않을 수가 있어요. 그러면 거기서 또 배우면 되는 거죠. 나와 맞지 않는 일을 했다고 해서 시간을 허송했다고 생각하지는 마세요. 에디슨은 전구를 발명하기 위해 수천 번 실패를 한 다음에 이렇게 말했어요. 나는 실패한 것이 아니고 전구가 안 되는 이치를 발견했을 뿐이라고. 진로 탐색은 내 길이 아닌 수많은 길을 찾음으로써 마침내 진정한 내 길을 찾는 과정과 같아요.

황 작가님은 자신이 가장 잘할 수 있는 일을 언제 찾으셨나요?

오대교

황선찬

저는 세일즈가 제 적성에 맞고 잘한다는 것을 40세가 되어서야 깨달았어요. 그런데 '좀 더 일찍 알았으면 좋았을 텐데…' 하는 생각은 들지 않았어요. 왜냐하면 그것을 몰랐기 때문에 다양한 경험을 할 수 있었거든요. 그러한 경험들이 자양분이 되어서 지금 책도 쓰고 강의도 하고 있죠. 아무 의미도 없이 흘러간 시간은 없어요. 설사 그것이 방황의 시간이라고 하더라도….

내가 가장 잘할 수 있는 일이 무엇인지 알 수 있는 방법은 자신이 무엇을 할 때 가장 즐거웠는지 떠올려보면 됩니다. 어릴 때부터 곤충만 연구해서 연세대에 입학한 학생, 덕적도에 있는 꽃과 풀의 생태를 사진 촬영한 도감을 캘리포니아 주립대학에 보내 입학이 허가된 학생 등 자신이 좋아서 그것에 몰두한 사람들은 다른 여러 사람들의 마음을 움직이기도 합니다.

저도 황 작가님 말씀에 동의합니다. 고등학교 때만 하더라도 제가 많은 사람들 앞에서 강의를 할 줄은 꿈에도 생각하지 못했어요. 사람들 앞에 서서 이야기할 만큼 외향적이지 못했거든요. 지금은 제가 좋아하는 일을 하면서 많은 사람들에게 가치를 줄 수 있는 일을 할 수 있어서 행복합니다.

오대교

황선찬

한 편의 소설이 100쪽이라면 그중 99쪽은 주인공이 갈등하고 방황하는 이야기입니다. 모든 것이 다 결정되고 행복하게 잘 먹고 잘 사는 이야기는 한 쪽도 안 되거든요. 한번 뿐인 인생을 그렇게 단조롭게 살고 싶으신가요? 아니면 다양한 경험을 하면서 살고 싶으신가요? 그것은 본인의 선택에 달려있습니다.

공부톡! 인생톡!

지름길은 빨리 갈 수는 있어도 재미있게 갈 수는 없다."

5. 현재 수준에 맞는 대학엘 갈까요?
아니면 재수를 할까요?

황선찬

재수는 당연히 선택이죠. 하지만 저는 재수를 해서 성공하는 비율은 10%도 채 안 된다고 생각해요. 이미 3년간의 수험생활로 지쳐있는 상태이고 거기에다 성인으로서 즐길 수 있는 유혹이 많아져서 마음을 다잡기가 힘들거든요.

점수가 낮은 명확한 이유가 있지 않으면 재수는 하지 않는 것이 좋아요. 저도 아들이 고3 때 컴퓨터 게임하느라 성적이 형편없이 나왔어요. 본인도 아쉬웠는지 재수를 하겠다고 했어요. 저는 재수한다고 태도가 바뀌지 않으니까 점수에 맞춰서 가라고 했죠. 획기적으로 마음을 바꾸지 않으면 돈과 시간을 낭비할 뿐이니까요. 그래서 저는 뭔가 획기적인 계기를 만들어주고 싶어서 아들과 함께 히말라야에 가기로 했어요.

황선찬

아들이 등산을 정말 싫어했는데 히말라야에 가려고 매일 혼자 배낭을 메고 연습을 했어요. 결국 갖은 고생 끝에 히말라야에 다녀온 후 마음을 다잡고 재수를 해서 원하는 만큼 성적이 올랐죠.

오대교

저도 재수를 해봤지만, 지금까지와 다른 결과는 지금까지와 다른 노력으로 만들어집니다. 저는 학생들에게 1년 후의 모습을 생각했을 때 스스로 만족할 수 있겠냐는 질문을 던져요. 현재 최선의 노력을 해서 만족한다면 현재 수준에 맞는 대학엘 가야죠. 하지만 만족하지 못한다는 대답이 나오면 지금까지와는 다른 노력으로 다른 결과를 내야 합니다.

황선찬

선택이란 의미의 Choice에는 얼음을 뜻하는 Ice가 들어있어요. 선택은 얼음처럼 냉철해야 해요. 현재 수준에 맞는 대학엘 가든 재수를 하든 그 선택에 책임을 지고

황선찬

선택하지 않은 것에 미련을 두지 말아야 합니다. 그래야 어느 쪽을 선택해도 후회가 남지 않기 때문에 자신이 선택한 일에 최선을 다할 수 있게 됩니다.

오대교

제 경험을 돌이켜 보면 성적의 부족은 대개 노력의 부족에 기인합니다. 그래서 학생들에게 30일이라는 기한을 정해 놓고 매일 모의고사 1회씩 30회를 풀어 볼 것을 추천합니다. 이 과정을 통해 30일 후 변화된 자신의 모습을 찾는다면 재수를 해도 성공할 수 있습니다. 30일 노력에도 별다른 성적에 변화가 없다면 1년 뒤에도 변화된 모습을 기대하기는 어렵습니다.

공부톡! 인생톡!

"재수는 선택, 책임은 필수."

6. 학생이 촛불집회와 같은 정치 문제에 관심을 가져도 될까요?

황선찬

사람에게는 본분이란 게 있어요. 교사는 학생들을 잘 가르치는 것이 본분이고, 군인은 국민의 생명과 재산을 지키는 것이 본분이듯이 학생은 공부를 열심히 해서 미래에 국가의 동량이 되는 것이 본분이죠.

본분을 잘 지킨다는 것은 기계의 톱니바퀴와 같아요. 다른 톱니바퀴와 잘 맞물려 기계를 원활하게 돌아가게 만드는 것이 중요하죠. 하나의 톱니바퀴가 잘못되면 기계가 멈춰 버리고 말아요. 자신에게 주어진 일에 최선을 다하는 본분이란 것이 그렇게 중요한 것입니다.

저는 단순히 관심을 두는 것과 행동을 하는 것은 차이가 있다고 생각합니다. 행동을 통해 현실을 바꾸려면 힘이 있어야 해요. 고등학교 시기는 힘을 가지는 시기가 아니라 힘을 키우는 시기죠. 미래를 위

오대교

해 자신에게 많은 시간과 노력을 투자해야 하거든요. 그래서 저는 학생들이 자신의 본분인 공부에 충실했으면 합니다.

오대교

황선찬

저는 약간 생각이 달라요. 그럼 촛불집회와 같은 정치 문제에 관심을 가지는 것이 학생의 본분에 어긋나는 것일까요? 1929년 일제의 차별에 맞서 싸운 광주학생운동이나 학생의 신분으로 3·1운동을 주도했던 유관순 열사는 학생의 본분에서 벗어나는 일을 한 것일까요? 마산에서 부정선거에 항거하여 4·19혁명을 촉발시킨 김주열 열사도 학생이었는데, 학생의 본분에 어긋나는 일을 한 것일까요?

학생의 본분이 공부라는 것은 사실입니다. 그런데 그 공부는 학교 공부와 같은 좁은 범위의 공부가 아니라 세상을 이롭게 만드는 일이 무엇인지 항상 탐구하는 것을 말해요. 내가 속한 공동체가 심각한 위험에 처해 있는데 나만 편하자고 하는 공부는 진정한 공부가 아니죠. 공부하는 학생도 역사에 참여함으로써 더 깊은 공부를 할 수 있을 것입니다.

그런 관점에서 생각하면 학생이 정치 문제에 관심을 가지는 것도 몸으로 배우는 공부가 될 수 있겠군요.

오대교

황선찬

'학생들은 공부만 해야 한다.'는 시대는 지났어요. 과거에도 학생들이 시대의 흐름에 동참해서 거리에 나온 사건들이 많았죠. 요즘은 정보가 오픈되어있기 때문에 어른들보다 더 똑똑한 학생들도 많아요. 그런 친구들을 보면 마음이 든든하고 미래가 기대되기도 합니다. 물론 정치 참여를 핑계로 학교 공부를 게을리해서는 안 되겠죠.

공부톡! 인생톡!
"학생도 세상의 일부분이고 세상의 변화에 동참할 자격이 있다."

7. 내가 가고 싶은 학과와 부모님이 권하는 학과가 달라요!

황선찬

서로 다른 견해를 조정할 수 있는 방법은 하나밖에 없어요. 내가 원하는 학과를 우선 결정하고 부모님이 원하는 것을 충족시켜주는 것이죠. 어떤 친구는 본인이 원하는 학과는 영문과였는데 부모님이 원하는 학과는 법학과였어요. 부모님이 원하는 것은 고시합격이었기 때문에 그 친구는 영문과에 진학해서 외무고시를 보겠다고 부모님을 설득했죠.

오대교

저는 거창 고등학교 직업 십계명이 떠오르네요.
1. 월급이 많은 곳보다 적은 쪽을 택하라.
2. 내가 원하는 곳이 아니라 나를 필요로 하는 곳으로 가라.
3. 승진 조건이 없는 곳으로 가라.
4. 조건이 갖추어진 곳이 아니라 황무지를 택하라.

5. 앞 다투어 모이는 곳으로 가지 말고 아무도 가지 않는 곳으로 가라.
6. 장래성이 전혀 없는 곳으로, 그러나 기쁘게 일 할 수 있는 곳으로 가라.
7. 부러움의 대상이 아니라 존경받을 수 있는 곳으로 가라.
8. 한가운데가 아니라 변방으로 가라.
9. 주위 사람과 배우자가 반대하면 틀림없다. 그곳으로 가라.
10. 영광의 자리가 아니라 단두대가 있고 십자가가 있는 곳으로 가라.

오대교

황선찬

주위 사람과 배우자가 반대하는 곳으로 가라니 정말 과감한 교훈이군요. 우선 자신이 가장 하고 싶은 일이 무엇인지 생각해 보세요. 어쩌면 내가 진정으로 하고 싶은 일을 찾지 못해서 부모의 판단에 의존하는 것일 수도 있으니까요. 내가 하고 싶은 일이 있어야 부모의 제안을 거절할 명분도 생기거든요.

황선찬

문제의 핵심은 부모의 권유가 아니라 나 자신의 비전입니다. 자신이 하고 싶은 바가 명확할 때 그것을 부모에게 말하면 부모는 성장한 자식을 대견스러워할 것입니다. 어쩌면 지금까지 말 잘 듣던 자식이 갑자기 반항한다고 갈등이 일어날 수도 있겠지요. 하지만 이런 종류의 갈등은 앞으로 더 성장하기 위해 반드시 겪어야 하는 진통이거든요.

오대교

자신이 명확히 하고 싶은 일이 있다면 부모님께서 반대하시는 경우는 드물지요. 부모님들은 대부분 학생들이 막연하게 학과를 선택하는 것을 걱정하시는 것 같습니다. 따라서 학생들은 뚜렷한 주관을 갖는 것이 중요합니다. 부모님께 자신의 의견을 자신 있게 말씀드릴 수 있을 정도의 뚜렷한 주관 말입니다.

황선찬

맞아요. 저도 부모님의 말씀대로만 살았다면 안정적인 은행을 그만두고 세일즈를 선택하지 못했을 것입니다. 물론 사하라 사막 마라톤, 히말라야, 남극의 근처에도 못 갔겠죠. 대부분의 부모들은 자식에게 위험한 모험을 권하지 않아요. 하지만 밀림에서 타잔이 다음 덩굴로 건너가려면 먼저 잡았던 덩굴을 놓아야 하거든요. 자식이 안전하기를 바라는 부모님의 마음을 이해하되 선택은 본인이 해야 해요.

공부톡! 인생톡!

"내가 원하는 삶을 살고 싶으면 내 뜻대로, 부모님이 원하는
삶을 살고 싶으면 부모님 뜻대로."

8. 자퇴하고 검정고시 치고 싶은데 어떻게 생각하세요?

황선찬

자퇴가 무조건적으로 틀린 선택이라고 할 수는 없어요. 하지만 명확한 이유와 뜻, 목표 없이 자퇴를 선택하면 나중에 후회로 남을 수 있어요. 물론 집에서 검정고시 공부를 통해 고등학교 졸업 자격을 인정받을 수도 있겠지만, 아직까지는 검정고시에 대한 사회적인 인식이 그렇게 좋은 편이 아니거든요. 학창 시절만의 추억도 누릴 수 없고요.

비유하자면 학교 졸업장은 주류이고 검정고시 합격증은 비주류입니다. 학교를 졸업하면 동문회를 통해 자신의 존재를 드러낼 수 있지만 검정고시를 치면 스스로 삶을 개척해야 하죠. 한국 사회에서 이런 불이익을 감수하고 살기는 쉽지 않아요. 정말로 자퇴를 하고 검정고시를 치고 싶다는 결심을 했다면 힘든 길을 가겠다는 결정을 한 것입니다.

중학교 때 성적이 좋았던 학생이 특목고나 자사고에 가서 내신이 안 좋아지면서 자퇴를 생각한 적이 있어요. 저는 그 학생에게 제가 친구들과 찍었던 사진을 보여주었어요. 고3 때 친구들과 찍은 사진인데 공부한 기억은 별로 없어도 실컷 놀았던 추억이 너무나 소중하거든요.

오대교

황선찬

가장 중요한 것은 어떤 선택을 하든 본인이 행복을 느껴야 한다는 것입니다. 학교를 자퇴한다면 틀에 박힌 입시교육이 싫어서든 폭력이나 왕따와 같은 학교 분위기가 싫어서든 이유가 있겠죠. 제도나 틀을 거부한다는 것은 그만큼 자신의 내면이 단단하다는 증거거든요. 자신의 삶을 올바른 방향으로 이끌겠다는 생각을 했다면 그때부터 졸업장은 크게 중요하지 않아요.

황 작가님께서도 자퇴를 생각하신 적이 있나요?

오대교

황선찬

저도 고2 때 자퇴를 심각하게 고민한 적이 있었어요. 형님들 가게를 도와드리느라 내신이 엉망이었거든요. 그런데 형님들과 담임 선생님이 반대해서 그냥 학교를 졸업했죠. 지금 생각해보면 자퇴 안 하길 잘했다는 생각이 들어요. 뚜렷한 목표 없이 자퇴를 했다면 결국 방황만 했을 것 같아요.

인생에서 정답과 오답은 정해져 있지 않아요. 자퇴 후에 벼랑 끝에 선다는 각오로 열심히 살면 성공할 수도 있어요. 반대로 자퇴하지 않고 나태하게 살면 그 길이 성공을 보장해 주지도 않죠. 고민하지 말고 어떤 길이든 선택하고 책임지는 자세로 열심히 살면 그것이 정답입니다. 지금의 선택이 모여서 훗날의 내가 됩니다. 만약에 잘못되면? 그건 그때 가서 생각해 보세요.

공부톡! 인생톡!

"어떤 길이든 내가 선택한 길은 내가 책임진다."

PART 6
인간관계가 가장 어려워요

힘든 것을 같이하면
가족관계도 좋아지지.

1. 경쟁자로 생각했던 친구와 진정한 우정이 싹틀 수 있을까요?

황선찬

같은 꿈을 꾼다고 꼭 서로 경쟁자가 되어야 하는 건 아니에요. 무슨 일이든지 친구와의 싸움이 아니라 자기와의 싸움이라고 생각해야 해요. 선의의 경쟁을 하다 보면 어느 순간 같이 성장해 있죠. 마라톤도 자기와의 싸움이라고 하지만 실제로 뛰어보면 같이 뛰는 사람들이 있어서 완주할 수 있는 것입니다.

큰 틀에서 보면 지금 내 옆에 있는 친구도 한 팀원이라고 생각할 수 있습니다. 대입이라는 경쟁은 학교 내에서의 작은 경쟁이 아니라 전국이라는 큰 틀에서 생각해야 하거든요. 결국 러닝메이트가 있어야 서로 지치지 않고 뛸 수 있죠.

오대교

황선찬

저는 마라톤을 뛸 때 기록이나 등수에는 관심을 두지 않아요. 오직 완주에만 관심이 있습니다. 사막에서 6박 7일 동안 매일 40km씩 마라톤을 하면 가장 늦게 들어온 주자가 가장 많은 박수를 받아요. 뜨거운 햇볕을 가장 오래 견디며 포기하지 않았기 때문이죠. 등수보다 자신의 성장에 관심을 갖는다면 경쟁에서 좀 더 자유로울 수 있을 것입니다.

경쟁이 꼭 나쁜 것만은 아닙니다. 때로는 선의의 경쟁이 삶의 활력소가 되기도 하지 않나요?

오대교

황선찬

세일즈를 할 때도 동료들과 경쟁이 없다면 편할 것 같지만 실제로는 그렇지 않아요. 경쟁이 사라지면 어느 순간 나태해지거든요.

황선찬

그래서 저는 설령 경쟁이 없는 것을 선택할 수 있는 기회가 주어지더라도 계속 경쟁 속에 남을 생각을 하고 있습니다. 자신을 성장시키는 경쟁은 얼마든지 좋습니다. 본인은 노력하지 않으면서 주위 사람들을 끌어내리려고 하는 건 문제가 되겠죠.

잭 플램의 저서《세기의 우정과 경쟁》을 보면 마티스와 피카소의 우정과 경쟁이 나와요. 두 사람은 동시대에 대단한 명성을 누렸고, 죽은 뒤에도 20세기 미술을 대표하는 거장으로 손꼽히죠. 두 사람은 서로 경쟁의 끈을 놓지 않았으면서도 서로를 인정했지요. 마티스는 "딱 한 사람만이 나를 평할 권리가 있으니 그건 피카소다."라고 말했고, 피카소는 "모든 것을 두루 생각해보니 오직 마티스밖에 없다."고 말했죠.

황선찬

경쟁자가 적이 아니라 나에게 아첨하는 사람이 바로 적이죠. 그러니 곁에서 내게 듣기 좋은 소리만 하는 친구보다 경쟁자와 오히려 진정한 우정이 싹틀 수 있어요. 진정한 친구란 서로의 인격과 지혜를 키워주는 존재이니까요. 나를 성장시켜주는 경쟁자가 있다는 것, 정말 행복한 일 아닐까요?

공부톡! 인생톡!

"건전한 경쟁심은 우정으로 발전한다."

2. 친구와 화해하고 싶은데 어떻게 말해야 할까요?

황선찬

친구와 화해하고 싶다면 자존심을 버리고 솔직하게 말하는 게 가장 좋아요. "나도 잘못했지만 네가 먼저 잘못했잖아."라고 말하는 것은 다시 싸우자는 뜻이죠. 자존심을 지키면서 우정도 지키려고 하면 풀기 힘들어요. 자존심을 내려놓는 게 바로 용기입니다.

화해의 말을 하기 어려운 가장 큰 이유는 거절에 대한 두려움 때문이죠. 그것은 화해의 손길을 내밀었을 때 상대가 받아줄 것이라는 기대 때문에 그래요. 내가 먼저 화해의 손을 내밀었으니 상대도 내 손을 잡아줘야 한다는 생각은 오만함입니다. 내 손을 잡고 안 잡고는 친구의 선택이니까요.

친구와 소원해진 관계를 개선하기 위해 고민하고 있다면 분명 그 친구를 소중하게 생각하고 있는 마음이 크다고 할 수 있겠지요. 중요한 것이 무엇인지를 먼저 생각해 보기 바랍니다. 내 자존심을 먼저 생각하는지 지금 이 친구와 잘 지내고자 하는 마음이 더 큰지 말이지요.

오대교

황선찬

친구란 뜻의 Friend에는 '끝'을 의미하는 End가 들어있어요. 친구와 '끝까지' 가려면 어떤 경우에도 나를 내세우지 않고 친구를 이해하려는 마음을 가져야 해요. 아무 기대도 하지 말고 그냥 '미안해.'라고 첫마디를 꺼내 보세요. 진심을 다한 그 한마디는 친구의 가슴에도 큰 울림으로 전해질 것입니다. 정말 좋은 친구라면 끝까지 같이 가야 되지 않겠어요?

화해는 말로 하는 게 좋을까요? 편지로 하는 게 좋을까요?

오대교

황선찬

직접 이야기하는 것이 좋지만, 카톡은 너무 가볍고 편지를 쓰는 것도 좋아요. 우정을 소중히 여기는 쪽이 먼저 용기를 내게 되어 있어요. '처음엔 장난이었는데 도가 지나쳐서 네 기분을 상하게 한 것 같아. 미안해.' 이렇게 글을 시작해 보세요. 에피소드 등을 최대한 구체적으로 적어보세요. 만약에 함께 찍었던 사진이 있다면 첨부하고요. 진심을 전달하는 데 더욱 효과가 좋아질 것 같네요.

공부톡! 인생톡!

"자존심을 버려야 우정을 잡을 수 있다."

3. 선생님께서 이유 없이 나를 미워해요

황선찬

선생님이 나를 좋아할지 말지는 선생님 몫이고 선생님을 좋아할지 말지는 내 몫이에요. 내가 선택할 수 없는 것에 집착하면 삶이 힘들어져요. 선생님이 나를 좋아하든 말든 나 하고는 상관없다는 생각을 가져야 자유로울 수 있어요.

선생님의 선택에 내가 좌우된다면 선생님의 기분, 성격, 취향에 내가 맞춰야 되잖아요? 그렇게 되면 선생님이 나를 좋아할 수는 있겠지만, 그것은 내 삶이 아닌 선생님 삶을 사는 것이죠. 내 생각과 위치가 굳건하면 선생님의 호불호에 휘둘리지 않아요.

그럼에도 불구하고 정말 대놓고 차별하는 선생님도 간혹 계시잖아요? 그럴 땐 어떻게 해야 할까요?

오대교

황선찬

너무 편파적이고 심하게 나를 차별한다고 생각되면 솔직하게 편지를 쓰는 것도 좋은 방법입니다. 편지를 쓴다는 것은 선택의 공을 선생님에게 보내는 거죠. 그다음부턴 내 몫이 아닌 선생님의 몫이잖아요. 좋게 해결되면 더 좋고 해결이 안 되어도 그건 선생님의 문제니까요.

모든 사람이 나를 좋아할 수는 없다는 사실을 인정하면 마음이 편해질 것입니다. 저도 중학교 2학년 때 초임 국어 선생님이 '권모술수'라는 숙어를 설명했는데 설명이 틀렸다고 이야기했다가 혼난 적이 있어요. 당시에는 정말 미웠고 이해가 가지 않았는데 오랜 세월이 흐르고 보니 선생님께서 자기를 무시한다고 오해를 하신 것 같아요.

나를 아주 미워해서라기보다 본보기로 나를 혼낸 것이죠. 억울하더라도 그때 솔직하게 찾아가서 단둘이 이야기했으면 관계가 오히려 좋아졌을 수도 있겠다는 아쉬움이 남아요. 그때는 선생님이 나를 정말 미워한다는 생각과 억울한 마음에 밤잠을 못 이뤘지만 지나고 나니 별일 아니었죠.

오대교

저도 선생님의 입장에서 비슷한 경험이 있습니다. 제 딴에는 학생을 생각해서 숙제도 많이 내주고 관심을 가졌는데 그 학생은 자기를 미워해서 숙제를 많이 내주고 간섭한다고 오해하더군요. 상대의 입장에서 생각하는 관점의 전환이 반드시 필요합니다.

황선찬

냉정하게 말해서 이 세상에 이유 없는 일은 없어요. 우선 아주 작은 일이라도 내가 미움받을 행동을 했는지 찬찬히 돌아보세요.

황선찬

조금이라도 내가 잘못한 일이 있다면 그것을 반성하면 됩니다. 그런 후에도 선생님이 계속해서 나를 미워하면 그것은 선생님의 문제죠. 나를 미워하는 선생님의 마음을 받아들이면 괴로운 사람은 바로 미워하는 그 자신이니까요.

공부톡! 인생톡!

"미움이라는 택배는 내가 받지 않으면 보낸 사람에게 돌아간다."

4. 요즘 특별한 이유 없이 엄마와 다툼이 많아요

황선찬

그럴 때는 엄마의 갱년기가 원인일 수 있어요. 청소년의 사춘기처럼 부모의 갱년기도 호르몬 변화에 의한 것이거든요. 이건 엄마 스스로도 어쩔 수 없는 생리적인 변화이기 때문에 주변에서 이해해 줘야해요.

엄마를 엄마이기 이전에 한 사람의 인간, 한 사람의 여자로 생각해 보세요. 자식은 엄마를 엄마로만 보기 때문에 항상 뭔가를 바라기만 하거든요. 엄마도 인간이기 때문에 가끔은 엄마 노릇이 힘에 부칠 때가 있어요. 지금 엄마의 이해하기 힘든 행동들은 그동안 꾹꾹 억눌러왔던 감정들이 분출된 것이라고 보면 이해가 되실 겁니다.

시기적으로 학생들의 사춘기와 엄마들의 갱년기가 맞물려서 더욱 갈등이 더욱 많이 표출되는군요.

오대교

황선찬

인간은 겉으로 보여주는 모습으로만 살 수 없어요. 내면적인 자아를 발견하고 다독여줘야 해요. "엄마가 어떻게 그럴 수 있어?", "엄마니까 참아야 하는 거 아니야?"라고 생각하면 문제는 해결되지 않아요. 엄마와 입장을 바꿔놓고 생각할 줄 알아야 해요.

제가 학생과 학부모의 중간 입장에서 들어보면 각자 그에 합당한 이유가 있어요. 특별한 이유 없이 엄마와 다툼이 많아진 이유 역시 자신의 입장에서만 상대방을 바라보기 때문이 아닐까요?

오대교

황선찬

엄마도 한 사람의 인간이고 세상의 풍파를 겪으면서 인격이 성숙되어 가는 과정에 있어요. 엄마도 힘들 때가 있고 엄마도 누군가에게 위로받고 싶을 때가 있다는 뜻이죠. 그런데도 자식은 엄마에게 원하는 것을 계속 요구만 하니 다툼이 생길 수밖에 없어요.

엄마와 다툰 다음에는 엄마에게 먼저 손을 내밀어 미안하다는 말을 건네 보세요. 엄마가 어른이니까 먼저 자식에게 사과해야 한다는 생각을 버리세요. 동등한 인격체로서 먼저 엄마의 손을 잡고 죄송하다는 말을 해 보세요. 그러면 이전보다 더 돈독해진 엄마와의 관계를 느낄 수 있을 것입니다.

공부톡! 인생톡!

"엄마의 갱년기는 나의 사춘기다."

5. 아빠와 같이 있으면 서먹서먹해요. 어떻게 하면 자연스러울 수 있죠?

황선찬

가족 간에 대화가 사라지는 이유는 크게 두 가지에요. 하나는 시간이 없는 경우고 다른 하나는 마음이 없는 경우죠. 시간은 있는데 마음이 없는 경우라면 힘들지만, 마음은 있는데 시간이 없는 경우라면 시간을 만들면 되지요.

아버지와 함께 가까운 산에 같이 올라가는 건 어떨까요? 아니면 요즘 많이 있는 둘레길을 같이 걷는 것도 좋을 것 같군요. 함께 걸으면 심심해서라도 뭔가 말을 하게 되거든요. 그러면서 자연스럽게 가까워지는 거죠.

오대교

관계 개선은 어느 한쪽의 노력만으로는 힘들다고 생각합니다. 제 경우에도 아버지와 함께 있을 때 늘 서먹서먹했어요. 시간이 지나고 보니 표현 방식의 문제이지 관심이 없어서가 아니었어요.

황선찬

마음은 눈에 보이지 않기 때문에 표현하지 않으면 몰라요. 생일이나 결혼기념일 등 특별한 날을 챙기는 것은 어떨까요? 꼭 정해진 기념일이 아니더라도 큰 상을 받은 날이나 새로운 도전을 시작한 날을 기념일로 만들면 축하할 일이 많아지죠. 아무리 무뚝뚝한 사람도 축하받는 걸 싫어하는 사람은 없거든요.

또는 아버지가 좋아하는 취미를 함께 하는 것도 좋아요. 아버지와의 관계도 연애랑 똑같아요. 공통된 관심사가 있어야 대화가 이어지거든요. 등산이든 낚시든 아빠의 취미를 같이 하는 것이 관계 회복을 위한 첫 단추를 꿰는 것이에요. 지금 아빠와 대화가 사라진 이유도 성장하면서 공감할 수 있는 관심사가 사라졌기 때문일 수 있어요.

오대교

가장 좋은 화해 방법은 누가 뭐래도 '대화'인 것 같습니다. 대화를 하지 않는 이유는 심각하고 대단한 것만 이야기하려고 하기 때문이에요.

오대교

그렇게 따지면 이야기를 나눌 만한 큰 사건이 일 년에 몇 건이나 있겠어요? 아무리 사소한 일상이라도 이야기하다 보면 공감대가 형성되고 관계가 개선될 수 있을 것입니다.

황선찬

이제까지 아버지들은 가족과 시간을 보내기 싫어하는 것이 아니라 그럴 시간을 못 냈던 거죠. 한 가정의 생계를 책임져야 했으니까요. 가족이 서로 조금씩 노력해 가면 얼마든지 공감대와 신뢰를 만들어 나갈 수 있다고 봅니다.

공부톡! 인생톡!

"아빠와 가까워지는 것은 연애를 하는 것과 같다. 서로의 관심사를 공유해야 한다."

6. 이성 친구를 사귀면 공부에 방해가 되나요?

황선찬

이성 친구도 인생의 한 부분이라고 생각해요. 내 친구들 중에 초, 중, 고등학교 동창이 결혼한 경우가 있는데 평균 이상으로 성공해서 행복하게 잘 살고 있어요. 서로에 대해 많은 것을 알고 있어서 그만큼 배려할 수 있기 때문이겠죠.
이성 친구 만나는 시간을 시간 낭비라고 생각하지 말고 한 주 동안 열심히 공부한 나에게 주는 선물이라고 생각해 보세요. 지루했던 일상에 활력이 솟아나서 오히려 공부에 집중할 수도 있어요. 무엇보다 내 속마음을 터놓고 말할 사람이 생겼다는 건 정말로 소중한 일이죠.

하지만 연애를 하면 시간을 많이 빼앗기는 것도 사실이죠.

오대교

황선찬

사실 공부에 방해가 되는 것은 연애가 아니라 이별입니다. 연애가 큰 기쁨을 줬던 것만큼 이별은 큰 슬픔을 주죠. 많은 사람들이 이별 후에 마음을 잡지 못하고 이리저리 방황하면서 시간을 낭비하거든요. 그래서 공부하면서 연애를 할 때는 감정 조절에 주의해야 해요.

'관계를 맺다.'라는 뜻의 Relate에는 '드높이다.'라는 뜻의 Elate가 들어있어요. 만남은 내가 아닌 상대방을 높여야 지속됩니다. 상대는 나의 외로움이나 욕망을 충족시켜주는 도구가 아니에요. 만남을 통해 내 존재가 상승되고 있다는 느낌이 없다면 그 만남은 다시 생각해 봐야 해요.

저도 공부에 관심이 없던 학생이 이성 친구와 함께 학원과 도서관을 다니면서 정서적으로 안정되는 모습을 많이 보았습니다. 각자 성적도 향상되었고요.

오대교

황선찬

연애도 얼마든지 생산적으로 할 수 있어요. 여자 친구와 도서관에서 만나 같이 공부하고, 같이 밥을 먹으며 사람과의 관계에 대해 이야기하고, 같이 여행을 하며 세상에 대한 견문을 넓힐 수도 있죠. 우리 딸도 남자 친구와 공부도 같이 하고 여러 가지 취미도 공유하니까 시너지 효과를 내는 걸 봅니다.

"여자 친구는 공부에 방해가 되지 않는다. 약한 의지가 방해될 뿐."

7. 짝사랑하는 이성 친구에게 어떻게 고백하면 좋을까요?

황선찬

고백을 할 때는 직접 만나서 하는 것이 가장 좋아요. 결국, 용기의 문제거든요. 카톡이나 문자는 의사를 쉽게 전달할 수 있지만 쉽게 거절당할 수도 있어요. 그보다는 차라리 진정성 있게 편지를 쓰는 게 어떨까요? 이때 그냥 좋다고만 하기보다는 어떤 면이 좋은지 구체적으로 표현하는 것이 좋아요.

사실 고백을 하고 싶어도 어떻게 말을 꺼내야 할지 모르는 경우가 많죠.

오대교

황선찬

'용기 있는 사람이 미인을 얻는다.'는 말이 있죠? 용기를 내면 생각지도 못한 좋은 결과를 얻을 수 있어요. 설령 실패하더라도 다시 도전하면 실패가 아니죠. 우선 대화할 수 있는 자리를 마련해 보세요.

황선찬

그리고 그동안 어떤 과정들을 거쳐 가며 그 친구를 좋아하게 되었는지에 대해 진솔하게 얘기해 보세요. 그 친구는 교제에 대해 어떻게 생각하는지 물어보고 생각할 시간이 필요하다고 하면 기다려주어야 해요.

오대교

저는 용기를 내서 표현을 하는 것 자체가 굉장히 의미가 있다고 생각합니다. 표현은 나의 몫이지만 그다음부터 선택은 상대의 몫이죠. 그러니 미리 거절당할 것을 걱정할 필요는 없다고 봐요. 생각만 하는 것보다 적극적으로 표현하는 것이 얼마나 멋있습니까?

황선찬

맞아요. 내가 상대를 좋아한다고 해서 상대도 나를 좋아한다는 보장은 없어요. 누구를 좋아하는 것은 내 마음이지만 그 마음을 받아들이는 것은 전적으로 상대에게 달려있거든요. 그래서 '내가 좋아하는 사람이 나를 좋아하는 것은 기적이다.'라는 말도 있죠.

황선찬

　그만큼 내가 좋아하는 사람이 나를 좋아한다는 것은 어려운 일이에요.

그러니 상대에게 느끼는 호감을 진심을 다해 전달하는 것이 중요해요. 설사 거절당하더라도 좋아하는 내 마음을 전달했으니 기쁜 일이 아닐까요? 기교를 부려 상대의 마음을 얻어내면 그 상대의 마음은 또 쉽게 바뀔 수도 있을지 않을까요? 오직 진심만이 상대의 마음을 움직일 수 있다는 것을 명심해야 합니다!

공부톡! 인생톡!

"고백은 나의 몫이고 선택은 상대의 몫이다."

8. 선생님이 싫어지니까 그 과목이 싫어져요

황선찬

선생님이 싫다고 그 과목을 싫어하면 본인만 손해에요. 중학교 때 한문 선생님을 싫어하는 친구가 있었는데 오기로 공부하더니 결국 최고 점수가 나오더군요. 선생님이 싫으면 억지로 좋아할 필요는 없지만, 그 과목은 오기로라도 열심히 해 보세요. 어쩌면 가장 멋있는 복수(?)가 아닐까요?

오대교

역으로 생각하면 그 선생님을 좋아하면 그 과목도 좋아지지 않을까요? 제가 아는 어떤 친구는 새 학기가 시작되면 의식적으로 각 과목 선생님의 장점을 찾으려고 노력해요. 선생님을 좋아해야 과목이 좋아지고 결국 성적이 오른다는 사실을 정확히 알고 있었던 거죠. 그러다 보니까 나중에는 정말 장점만 보인다고 하더라고요.

황선찬

제가 선생님을 싫어하면 선생님이 손해일까요, 제가 손해일까요? 제가 손해겠죠. 스스로 괴로울 뿐이니까요. 또 제가 어떤 과목이 싫어서 열심히 안 하면 그 과목 선생님이 손해일까요, 제가 손해일까요? 이것도 제가 손해겠죠. 대학에 가는 건 선생님이 아니라 저니까요. 좀 더 지혜롭게, 이기적으로 살아도 되지 않을까요?

저는 어떤 선생님이든 그 선생님의 장점을 무조건 3가지를 찾아서 노트에 적어보라고 권하고 싶어요. 없던 장점도 눈에 불을 켜고 찾으면 얼마든지 있습니다. 명심해야 할 것은 이 모든 것은 누구를 위한 것도 아닌 바로 자기 자신을 위한 것이라는 점입니다.

오대교

황선찬

스스로 인격을 쌓는다고 생각하고 싫어하는 선생님에게 먼저 다가가는 건 어떨까요?

황선찬

옛날에 한 며느리가 시어머니가 너무 미워서 용한 무당을 찾아갔어요. 무당은 시어머니가 가장 좋아하는 음식을 백일 동안 드리면 시어머니가 이름 모를 병에 걸려 죽을 거라고 말해줬죠. 그 말을 들은 며느리가 날마다 시어머니가 좋아하는 인절미를 가져오니 시어머니 마음이 어땠겠어요? 점차 마음을 열고 동네방네 며느리 칭찬을 하더래요. 100일이 다가오자 덜컥 겁이 난 며느리가 무당을 찾아가 울면서 시어머니를 살릴 방도가 없겠느냐고 묻자 무당은 빙긋 웃으며 이렇게 말했어요. "미운 시어머니는 벌써 죽었지?"

멋진 이야기네요. 미운 선생님을 없애기 위해서 그 선생님이 좋아하는 행동을 하면 정말 미운 선생님은 사라질 것 같아요.

오대교

공부톡! 인생톡!

"어떤 과목을 좋아하고 싶으면 그 선생님을 좋아하면 된다."

PART 7
나는 어떤 사람일까요?

더 많이 받을 수록
더 많이 나눠줘야 해.

1. 외모가 마음에 안 들어서 성형하고 싶어요

황선찬

가장 중요한 것은 내면의 아름다움이라고 말해주고 싶어요. 마음이 건강한 사람은 늘 밝고 자신감이 넘쳐서 본래의 외모보다 훨씬 매력적이죠. 그래도 여전히 외모에 콤플렉스를 갖는다면 적당한 운동을 하거나 관리를 받아 자신감을 회복하는 쪽을 추천하고 싶어요.

꾸미는 여자보다 꿈 있는 여자가 아름다워요. 어깨가 넓은 남자보다 마음이 넓은 남자가 멋있고요. 꿈이 있고 마음이 넓은 사람은 그 자체로 빛이 나죠. 그건 결코 외모에서 나오는 빛에 비할 것이 아닙니다. 외모에서 나오는 빛은 시간이 지날수록 사라지지만 내면에서 나오는 빛은 시간이 지날수록 빛을 발하거든요.

특히 우리나라에서는 외모에 대한 관심이 높죠. 외모 콤플렉스는 어디에서 생기는 걸까요?

오대교

황선찬

외모 콤플렉스는 다른 사람과의 비교를 통해 생겨요. 옛날에는 학교나 동네 친구하고만 비교하면 됐는데, 요즘은 연예인과 자신을 자주 비교하게 되고 그러다 보니 자신이 초라하게 느껴질 수밖에 없지요. 연예인들은 수천 대 일의 경쟁을 뚫고 선발됐는데 어떻게 외모로 비교가 되겠어요?

외모를 바꾸는 일은 쉬워요. 우리나라는 성형기술이 발달해서 3개월이면 전혀 딴 사람이 되기도 하지요. 외모에 신경 쓰는 것의 10분의 1만이라도 내면에 신경 써보세요. 내면에 신경 쓰는 사람은 많지 않기 때문에 그렇게 하는 것만으로도 경쟁력이 생겨요. 얼굴이 가난한 것보다 마음이 가난한 것을 부끄러워해야 해요.

오대교

가벼운 성형을 하는 건 이제 일반적인 일이 된 것 같습니다. 수능 끝나면 많이들 하니까 어쩌면 자연스럽게 동기 부여가 될 수도 있죠. 수능만 끝나면 예뻐질 수 있다는(?) 식으로요.

황선찬

성형 수술을 통한 외모 개선으로 자신감을 가질 수 있다면 충분히 긍정적이라고 생각해요. 다만 학생 때는 아직 성장기이기 때문에 얼굴이 많이 바뀌는 시기잖아요? 성형 수술을 잘못 하면 안정적으로 자리 잡지 못할 수도 있어요. 성인이 되어서도 수술 의향이 있다면 그때 하는 것이 좋겠죠.

미국의 배우 클로이 모레츠는 한 인터뷰에서 자신의 외모에 대해 이렇게 말한 적이 있어요. 아역배우 출신인 그녀는 어렸을 때부터 외모 스트레스가 심했다고 해요. 그녀는 '나'를 지키는 방법으로 그런 스트레스에서 벗어났다고 했어요. 불완전하다고 느껴지는 나의 외모를 모두 바꾼다면 도대체 나는 누구인가라고 생각한 것이지요.

공부톡! 인생톡!

"불완전함이 나를 만든다."

2. 멋있는 사람이 되려면 어떻게 해야 할까요?

황선찬

너새니얼 호손의 단편소설 〈큰바위 얼굴〉의 주인공 어니스트는 언젠가 그 마을에서 큰바위 얼굴을 닮은 위인이 나타난다는 전설을 믿어요. 결국 큰바위 얼굴은 다른 사람이 아닌 큰바위 얼굴을 닮고자 노력해온 어니스트였지요.

멋있는 사람이 되기 위해서는 큰바위 얼굴과 같은 멘토를 만나야 해요. 주변에서 볼 수 없다면 위인전을 읽는 것도 좋아요. 멋진 사람은 외모가 아니라 마음이 멋진 사람이거든요. 흔들리지 않는 바른 생각과 자신의 말을 행동으로 실천하는 사람이죠. 멋진 사람이 되기 어려운 것은 말한 대로 실천하기가 어렵기 때문이에요.

저도 5년 후, 10년 후 내가 본받고 싶은 분들을 책이나 주위에서 찾아 멘토로 삼습니다.

오대교

오대교

여기서 중요한 점은 멘토를 닮기 위해 하루하루를 충실하게 채우는 것이죠. 그렇지 않으면 겉멋만 들게 될 위험이 있습니다.

황선찬

겉멋은 쉽게 만들 수 있지만 또 쉽게 사라져요. 내면의 당당함과 자신감이 진짜 멋이라고 생각해요. 그런 당당함과 멋은 자존감과 확신 있는 행동에서 나오죠. 그러려면 자신이 자신을 칭찬해 줘야 해요. '난 참 괜찮은 사람이야.', '난 뭐든 잘할 수 있는 사람이야.'라고 자주 외쳐보세요. 슬램덩크의 강백호도 '나는 천재야.'라고 입버릇처럼 말하다 보니 정말 그렇게 되었잖아요?

누구도 처음부터 잘하는 사람은 없어요. 중요한 것은 내가 잘하는 것을 알고 그것을 자꾸 연습하여 자신이 만족할 정도로 만들어야 합니다. 그리고 그것을 남들 앞에서 표현하는 거죠. 예를 들어 디자인에

황선찬

자신이 있다면 디자인 작품으로 포트폴리오를 만든다든지 디자인 공모전에 작품을 출품해 보세요. 남들의 이목은 신경 쓰지 마세요.

'나답다.'는 건 어떤 의미일까요?

오대교

황선찬

'나답다.'라는 것은 남들에게 보이기 위해 노력하지 않는 상태입니다. 시선을 의식하지 않고 자연스럽게 행동하는 것이 가장 나다운 태도죠. 외모에 가려진 자신만의 내면을 많이 발견할수록 '자신감'을 가질 수 있어요. 높은 자신감은 곧 자존감으로 연결될 수 있죠.

공부톡! 인생톡!

"멋있는 사람이 되기 위해서는 스스로를 멋있는 사람이라고 생각해야 한다."

3. 어떻게 하면 당당해질 수 있나요?

황선찬

지하철에서 한 여학생이 내릴 역이 되었어요. 그런데 사람들이 많아서 도저히 빠져나갈 수가 없었어요. 그러자 여학생은 안쪽에서 소리쳤어요. "저 내려야 해요!" 어떤 일이 벌어졌을까요? 홍해가 갈라지듯 인파가 둘로 갈라졌고 여학생은 무사히 내릴 수 있었죠.

만약 그 여학생이 남의 눈치를 보느라 가만히 있었다면 엉뚱한 곳에서 내릴 수밖에 없었을 거예요. 적극적으로 자신의 의견을 표현하니까 그 많은 사람들이 길을 열어준 거죠. 자기가 바라는 것을 눈치 보지 말고 용기 내어 밖으로 표현하는 것, 이것이 당당한 삶을 살기 위한 전제 조건입니다.

하지만 누구나 그 여학생처럼 자신의 목소리를 내는 것은 쉽지 않을 텐데요?

오대교

황선찬

자존감이 낮으면 남의 눈치를 보게 되죠. 우선 나 스스로를 사랑할 수 있어야 해요. 저도 열등감에 시달리던 때가 있었어요. 그때는 왠지 다른 사람들이 뒤에서 내 험담을 하는 것 같았어요. 성장하면서 있는 그대로의 내 모습을 인정하게 되었어요. 내가 어떤 사람인지, 무엇이 되고 싶은지, 어떻게 살아왔는지에 대해 생각해보고 자부심을 가져보세요.

인간은 사회적 동물이기 때문에 어느 정도 남의 시선을 의식할 수밖에 없어요. 하지만 그것이 지나치면 스스로가 괴로워지죠. 남들에게 피해를 주지 않는 선에서는 남의 눈치를 보지 않고 내가 하고 싶은 대로 살아보세요. 남의 눈치만 보며 사는 삶은 결코 행복할 수 없어요.

경주마는 달릴 때 양 눈 옆에 가리개를 착용합니다. 주위에 한눈을 팔지 않고 목표만을 향해서 집중하라는 것이죠.

우리도 경주마처럼 주위의 시선에 신경 쓰지 말고 자신의 목표를 향해서 나아가야 합니다. 당당함은 그 과정에서 자연스럽게 흘러나오는 것 아닐까요?

황선찬

자존감은 남이 나를 어찌 대해주느냐에 달린 것이 아닙니다. 내가 나를 얼마만큼 이해하고 긍정하느냐에 달린 일이죠. 자존감은 능력과 상관없어요. 자신이 무엇을 할 수 있든 없든, 현재 자신의 상태가 어떠하든 전혀 문제가 안 되지요. 자존감은 능력이나 환경이 아니라, 존재 그 자체에서 나오기 때문이에요.

항상 자신이 세상의 중심이라고 생각하세요. 잘난 체하라는 것이 아니라 우선순위와 가치를 내 기준으로 정하고 일관되게 행동하라는 뜻이에요. 어느 곳에 있든지 '주인'으로 살겠다는 마음을 가지면 당당할 수 있어요. 교회 건물을 짓고 있는 인부라고 할지라도 세상에서 가장 아름다운 교회를 짓는다는 마음으로 일하면 그는 인부가 아니라 이미 주인입니다.

황선찬

주인은 자신이 하고 싶은 일을 하고 노예는 다른 사람이 하고 싶은 일을 하죠. 타인의 시선을 의식하고 타인의 뜻대로 사는 삶은 노예의 삶이나 다름없어요. 자신의 내면적인 욕망에 따라 살아야 주인이라고 할 수 있죠. 노예로 살 것인지, 아니면 주인으로 살 것인지 선택은 스스로에게 달려있어요.

"주인은 자신이 원하는 일을 하고 노예는 남이 원하는 일을 한다."

4. 괴롭힘을 당해도 무조건 참아야 하나요?

황선찬

괴롭힘을 참고만 있으면 안 됩니다. 물론 본인을 괴롭히는 친구에게 거부 의사를 표현하는 것은 무섭고 힘들 수 있겠죠. 그럴 때는 선생님이나 부모님께 알려드리고서라도 도움을 받는 게 좋아요. 뉴스에서도 가끔 볼 수 있듯이 폭력을 폭력으로 갚으면 결국 피해자가 가해자가 되기도 하거든요.

부당한 괴롭힘은 참으면 참을수록 더 심해져요. 지렁이도 밟으면 꿈틀한다는 속담이 있죠? 꿈틀거리는 지렁이는 징그러워서라도 피하지만 가만히 있는 지렁이는 계속 밟거든요. 지렁이도 그런데 사람은 어떻겠어요? 자신을 괴롭히는 친구들에게 단호하게 'NO'라고 말해보세요. 싫은 걸 싫다고 말하지 못하면 더 많은 싫은 일들이 몰려올 거예요.

마음속으로는 싫다고 말하고 싶어도 막상 그걸 입 밖에 내기가 쉽지 않죠. 당장 눈앞에 있는 친구가 덩치가 크고 험악하니까요.

오대교

황선찬

'법구경'에 보면 '녹은 쇠에서 생긴 것인데 점점 그 쇠를 먹어 없앤다.'라는 구절이 나와요. 녹이 점점 쇠를 먹어버리듯이 두려움은 점점 정신을 갉아먹죠. 그런데 그 두려움이라는 것이 실체가 있는 것일까요? 공포영화 볼 때는 무서워도 끝나면 빈 스크린만 남죠. 두려움은 실체가 아닌 마음의 상태일 뿐이에요.

성경에 나오는 다윗이 골리앗을 무서워했다면 결코 이길 수 없었겠죠. 그러니 괴롭힘을 당했다고 참지 마세요. 괴롭힘을 당하면 당당하게 대응하든지, 아니면 선생님이나 부모님에게 알려야 해요. 폭력은 참는 사람이 겁쟁이지 신고하는 사람이 겁쟁이가 아닙니다. 오히려 폭력이라는 문제를 법과 제도를 통해서 해결하려는 용기를 가진 사람이죠.

오대교

혼자 힘으로 용기가 나지 않는다면 주위에 도움을 받을 수 있는 친구나 선생님 부모님께 도움을 요청하는 것이 무엇보다 중요하다고 생각합니다. 무슨 일이든 마찬가지겠지만 내가 고민하고 어려움을 느끼는 일들을 알려가야 지혜롭게 대처할 수 있어요. 예를 들어 배가 고플 때 젓가락질을 해서 음식을 입에 넣는 행동을 해야 맞지, 배가 고프다고 생각만 하고 있다면 해결이 안 되겠지요. 주위에 도움을 요청하는 것도 용기 있는 행동이라는 생각을 합니다.

공부톡! 인생톡!

"두려움은 마주 보면 사라지고 도망치면 따라온다."

5. 사람들 앞에만 서면 초라해져요

황선찬

초라함을 느끼는 이유 중의 하나는 기대치가 너무 높기 때문입니다. 예를 들어 많은 사람들 앞에서 말을 할 때 스스로 설정한 기대치에 비해 자신의 수준이 낮다고 느껴지면 초라함을 느끼게 되는 거죠.
기대치를 낮추면 오히려 당당해지고 힘이 생겨요. 물에 빠지면 모든 것을 놓고 쭉 내려가서 발이 바닥에 닿는 순간부터 탄력을 받죠. 바닥으로 내려갈수록 상승할 기회와 폭이 커지거든요. 기대치를 낮추고 내려가서 다시 솟아올라보세요.

오대교

수학 공부를 할 때도 자신의 수준보다 높은 문제를 붙잡고 끙끙대면 스스로가 초라하게 느껴지죠. 자신의 현재 수준에 맞게 기대치를 낮추고 작은 성공의 경험을 쌓아간다면 사람들 앞에서도 당당하게 말할 수 있습니다.

황선찬

무대 공포증에 시달리던 사람이 잠시 '자신을 내려놓고' 무대 위에서 마음껏 망가진 후에는 오히려 무대체질로 변하는 경우가 많아요. 곤란한 상황을 당했을 때 스스로를 초라하다고 생각지 말고 어디서도 얻을 수 없는 독특한 경험을 쌓는 중이라고 생각해 보세요. 소위 '쪽팔림'은 잘만 활용하면 강력한 동기 부여가 될 수도 있으니까요.

사람들 앞에서 떨리는 건 자연스러운 현상입니다. 이건 수없이 무대에 서 본 강사나 가수도 마찬가지에요. 그러니 애써 거부하지 말고 자연스럽게 받아들여 보세요. '나는 잘 떤다. 떨리는 것은 잘못된 것은 아니다. 나만 떨리는 것이 아니다. 나는 떨면서도 잘할 수 있다.'고 생각하면 훨씬 더 좋아져요. 떨지 않으려니까 더 떨게 되는 거죠.

'초라하다.'는 감정 앞에는 '누군가와 비교해서'라는 말이 숨어있죠. 비교 대상이 없으면 그런 감정을 느낄 수조차 없을 텐데 말입니다.

오대교

황선찬

맞아요. 사람들 앞에만 서면 초라해진다는 것은 자신의 소중함을 잘 모르기 때문입니다. 내가 가진 것을 보지 않고 남이 가진 것만을 보니 자신이 상대적으로 초라하게 보이는 거죠. 하지만 나는 어제 죽은 사람이 그렇게 살고 싶었던 삶을 오늘 살고 있는 가치 있는 존재입니다.

세계적인 호스피스 전문가 엘리자베스 퀴블러 로스는 《인생 수업 Life Lessons》에서 이렇게 말했어요. "모든 풍요로움은 자신이 가지고 있는 것을 감사하는 데서 비롯된다."라고요. 비교는 남과 하지 말고 어제의 나와 비교해야 해요. 그러면 누구 앞에서도 초라해질 일이 없어요.

공부톡! 인생톡!

"쪽팔림은 순간이고 자신감은 평생이다."

6. 아무것도 하고 싶지 않을 때는 어찌해야 하나요?

황선찬

그런 것을 '번아웃 증후군'이라고 해요. 우리는 바쁜 세상 속에서 너무나 많은 기대를 받고, 욕심을 갖고, 그것들을 만족시키기 위해 노력하며 살고 있거든요. 가끔은 아무것도 하지 않고 쉬는 시간을 가지며 재충전하는 것도 중요하다고 생각해요.

아무것도 하고 싶지 않을 때는 삶의 에너지가 방전된 상태입니다. 그럴 땐 역설적이지만 일단 아무거나 해서 에너지를 충전시켜야 해요. 자동차도 배터리가 방전되면 긴급 출동 서비스로 기본 에너지를 준 다음 시동을 걸죠. 가만히 주저앉아서 한탄만 한다고 저절로 에너지가 생기지는 않아요.

저는 의욕이 사라질 때 동기 부여가 되는 사진이나 영상을 모아서 벽에 붙입니다. 저만의 '보물지도'를 만드는 거죠. 그동안 바빠서 잊고 있던 꿈을 눈으로 확인하면 다시 의욕이 샘솟거든요. 학생들에게도 권해주고 싶어요.

오대교

황선찬

환경을 바꾸는 건 좋은 아이디어입니다. 저는 에너지가 떨어지면 전통 시장을 돌아다녀요. 시장은 엄청난 에너지가 샘솟는 곳이죠. 그런 곳에 묻혀 있으면 삶의 의욕이 생기고 에너지가 충전돼요. 의욕이 없다고 조용한 방 안에 혼자 있거나 한적한 호수를 찾으면 오히려 기분이 더 가라앉을 뿐이에요.

의욕이 넘치는 사람과 대화하거나 봉사 활동을 나가는 것도 좋은 방법입니다. 내부의 에너지가 고갈되면 외부로부터 충전시켜야 하거든요.

황선찬

에너지는 전기와 같이 전염되는 속성이 있어서 에너지가 높은 사람들 주변에 가면 덩달아 에너지 수준이 높아져요.

오대교

하긴 '시체놀이'를 하다 보면 어느 순간 에너지가 충전되는 게 아니라 다시 방전되더군요. 시체놀이를 하다가 어느새 시체가 되어버리는 거죠. 점점 더 깊은 늪으로 빠져드는 기분이랄까요?

황선찬

그것은 육체와 정신이 서로 밀접하게 연결되어 있어서 그래요. 어찌 보면 활력이 넘쳐서 몸을 움직이는 게 아니라 몸을 움직여서 활력이 넘친다고도 할 수 있어요. 저 같은 경우, 밖에 나가서 땀이 흠뻑 날 때까지 달리기를 하면 어느새 의욕이 샘솟아요.

황선찬

자신만을 위해 살았을 때 허무함을 느낄 수 있어요. 그럴 때는 다른 사람을 위해 좋은 일을 해보세요. 나의 행동으로 인해 다른 사람의 얼굴에 웃음꽃이 피는 것을 보면 보람이 느껴질 것입니다. 멀리서 찾지 말고 가족이나 매일 만나는 친구들을 위해 작은 것이라도 실천해 보세요.

"모닥불이 꺼져갈 땐 부채질만 하지 말고 장작을 더 넣어주어야 한다."

7. 부모님의 간섭이 심한데 어찌해야 하나요?

황선찬

주식회사도 투자를 받으면 투자자의 간섭을 받을 수밖에 없어요. 그래서 '주주총회'라는 게 있죠. 부모님은 여러분 인생에 모든 것을 투자한 '대주주'입니다. 그렇게 생각하면 부모님의 간섭은 당연한 것이잖아요. 성인이 되어 독립하기까지는 부모님의 간섭을 피할 수는 없죠.

Heart 안에는 Hear가 들어있어요. 부모님의 잔소리를 가슴으로 듣는다면 감사한 마음으로 받아들일 수 있을 겁니다. 긍정적인 마인드로 간섭을 받아들이되 행동은 내가 하고 싶은 대로 하면 갈등을 줄이면서 내 의지대로 살 수 있죠. 간섭하는 부모를 바꿀 수는 없지만, 나의 관점을 바꾸는 것은 언제든지 가능해요.

저는 간섭이냐 관심이냐는 관점의 차이라고 생각해요. 연인 사이에도 사랑한다는 감정은 똑같지만, 표현방식이 달라서 갈등을 빚는 경우가 있잖아요? 부모와 자식의 관계도 같다고 봅니다.

오대교

황선찬

맞아요. 간섭과 관심은 같은 말인데 받아들이는 사람에 따라서 다르게 느껴지죠. 사랑스러운 아이가 "아빠 뭐해? 뭐 먹어? 어디 봐?"라고 묻는 것은 관심으로 받아들이거든요. 하지만 부모님이 학생들에게 똑같은 이야기를 하면 대부분 간섭으로 받아들이죠.

간섭이 싫어진다는 것은 독립할 시기가 다가오고 있다는 의미입니다. 당장 독립할 준비가 되어있지 않다면 간섭은 당연한 것이고 일시적이라고 생각해야 해요. 본인이 믿을 만하게 행동하게 되면 간섭은 줄어들죠. 간섭하지 않게 부모님을 바꾸는 것은 힘들고 본인이 간섭에 대한 생각을 바꾸는 것이 현실적이지 않을까요?

오대교

간혹 부모님의 간섭이 관심을 넘어서 부담스러울 때도 있잖아요? 예를 들어 자식의 진로를 부모가 일방적으로 정해버린다든지 하는 식으로요. 그럴 땐 어떻게 해야 좋을까요?

황선찬

최소한의 간섭도 받지 않으려면 경제적으로 완전히 독립하면 되죠. 투자는 받으면서 간섭은 받기 싫다면 너무 이기적인 태도 아닐까요? 부모님은 여러분에게 '생명'을 투자했다는 사실을 생각하면 부모님의 지나친 간섭도 어느 정도 이해할 수 있을 겁니다.

공부톡! 인생톡!

부모는 관심을 줬는데 자식은 간섭으로 받아들인다."

8. 질투가 심한데 어떻게 극복하나요?

황선찬

'질투'와 '인정'의 차이는 자존감의 유무에서 비롯됩니다. 나보다 잘난 사람을 보았을 때 질투를 하는 사람은 자존감이 낮죠. 스스로의 수준을 낮다고 생각하기 때문에 나보다 높아 보이는 사람을 내 수준으로 낮추어야 마음이 놓이거든요.

반면 나보다 잘난 사람을 보았을 때 인정을 하는 사람은 자존감이 높아요. 스스로의 수준도 높다고 생각하기 때문에 상대의 수준을 인정하고 자신도 언젠가 그 수준에 오를 것을 다짐하는 거죠. 따라서 질투심을 없애려고 노력할 것이 아니라 스스로의 수준을 높여서 자존감을 되찾으려고 노력해야 해요.

공부에 관심이 없다면 주위 친구들이 성적이 좋든 안 좋든 관심이 없겠지요.

오대교

질투도 관심이 있어야 생깁니다. 현실에 만족한다면 성장하고자 하는 마음도 없겠죠. 열등감과 향상심이 성장의 동력이 되어 경쟁력이 만들어진다고 생각합니다.

오대교

황선찬

여기에는 많은 시간과 노력, 축적된 성공 경험이 필요해요. 많은 사람들이 인정보다 질투를 택하는 이유는 남을 끌어내리기는 쉽지만, 자신이 올라가기는 어렵기 때문이죠. 내게 없는 것을 상대가 가지고 있다고 해서 열등감을 느끼지 말고, 상대에겐 없는 것을 내가 가지고 있는 것에 대해 살펴보세요. 그러면 의외로 자신에게 장점이 많다는 것을 알게 됩니다.

질투는 상대를 미워하는 것에서 출발해요. 미운 마음을 속에 담고 있으면 누가 괴로울까요? 자기 자신만 괴롭겠죠.

황선찬

억지로 미운 마음을 좋아하는 마음으로 바꾸려고 애쓸 필요는 없어요. 일단 미운 마음을 비워 놓은 다음 그 빈자리를 긍정적인 마음으로 채우면 되지요.

오대교

《커피 한 잔의 명상으로 10억을 번 사람들》이라는 책을 보면 '질투는 당신이 부유해지는 길을 막는 가장 큰 적.'이라는 구절이 나옵니다. 질투라는 감정을 좀 더 생산적으로 활용할 수도 있을까요?

저 친구는 왜 나랑 자주 만나주지 않는 걸까? 왜 다른 사람이랑 더 친하게 지내는 걸까? 등 집착하기 시작하면 모두 피곤해지죠. 스스로 좋은 사람이 되면 노력하지 않아도 주변에 사람들이 모이게 되어 있어요. 누군가와의 관계를 쌓기 위해 의식적으로 노력하는 것도 중요하지만, 그 이전에 스스로가 좋은 사람이 되는 것이 우선돼야죠.

황선찬

'질투는 나의 힘'이라는 제목의 영화도 있는 걸 보면 질투가 항상 나쁜 것만은 아닌 것 같군요. 질투의 대상인 상대를 뛰어넘으려고 노력을 할 때 질투는 진정한 나의 힘이 될 수 있어요.

공부톡! 인생톡!

"질투와 인정은 자존감에 따라 결정된다."

PART 8
인생의 고민을 들어주세요

고민을 거부하지 마.
고민한 만큼 성장해 !

1. 남자가 간호대에 가도 괜찮을까요?

황선찬

예전에 우리 아들이 뚜렷한 확신 없이 막연하게 공대를 가겠다고 했는데 아들 성향이 되게 여리고 따뜻해요. 그래서 간호대를 한번 가는 건 어떻겠냐고 얘기를 했더니 남자가 무슨 간호대를 가냐고 하더라고요. 그런데 엄마까지도 그걸 권하니까 일단 지원은 했어요.

항공우주과학과하고 간호학과에 동시에 합격을 했는데 본인은 항공우주과학과를 가고 싶어 했어요. 그래서 제가 제안하기를 아빠가 아는 사람 네 명만 만나보고 결정하라고 했죠. 간호대와 관련된 사람이면 안 만나겠다고 하길래 딱 네 명만 만나면 그다음의 결정은 존중하겠다고 했어요. 그랬더니 잠시 생각하더니 만나겠다고 하더군요.

황선찬

그래서 간호대를 나와서 간호사와 전혀 다른 일을 하고 있는 세 명을 만나게 해 줬더니 아들의 고정관념이 다 깨졌어요. 아, 간호대를 나온다고 다 간호사가 되는 것이 아니구나. 간호대를 나와서 스튜어 디스를 할 수도 있고 공무원을 할 수도 있고 교사를 할 수도 있구나. 심지어 사업을 할 수도 있구나 하고 생각의 폭이 넓어진 거죠.

그 3명 중에 두 분은 자기 아들딸이 다 간호대를 다녀요. 아직 한 명을 더 만나야 되는데 이제 그만 만나도 된다고, 간호대를 가겠다고 하더라고요. 자기가 생각하기에 의사보다도 간호사가 더 가치가 있는 일 같다고 해요. 왜 그러냐고 했더니 의사는 병을 보지만, 간호사는 환자를 본다는 거예요.

황선찬

예전에는 간호대가 여자들만 가는 곳으로 여겼었지만 요즘은 남자들도 간호대를 많이 선택해요. 간호대는 여성들만 간다는 고정관념이 깨진 거죠. 역으로 사관학교는 과거에 남자들만 입교가 가능했는데 지금은 여성들도 사관학교에 지원해서 다니고 있어요. 남자들보다 훈련도 잘 받고 상까지 받죠.

이 세상에 고정불변하는 것은 없어요. '잡다.'라는 의미의 'Hold'에는 '낡은'이란 뜻의 Old가 들어 있잖아요. '낡은(Old) 생각을 붙잡고(Hold)' 있으면 안 돼요. 자신이 좋아하는 분야라면 남자, 여자라는 고정관념을 버리고 과감하게 도전하는 것이 좋아요.

공부톡! 인생톡!

"고정관념을 버리면 새로운 관점이 보인다."

2. 웹툰을 하는데 대학을 꼭 가야 할까요?

황선찬

인생에 정답은 없어요. 옛날에 어느 산속에 신궁이 살고 있었대요. 바위건 나무건 쏘는 족족 명중하길래 그 비결을 물어봤더니 먼저 쏘고 나서 과녁을 그렸답니다. 이처럼 인생은 자신이 선택한 길을 정답으로 만들어나가는 과정이 아닐까요?

과거에는 만화의 대가 밑에서 도제 생활을 하며 만화 그리기를 배웠지만, 지금은 스스로 그린 만화를 웹이나 모바일에서 직접 독자들에게 평가를 받을 수 있어요. 〈마음의 소리〉의 조석과 같은 인기 작가가 되면 큰 수입을 얻을 수도 있죠.

만화를 그리는 데 학력은 크게 중요하지 않아요. 〈식객〉을 그린 만화가 허영만도 대학을 나오지 않았어요. '문화 대통령'이라 불리는 서태지는 고등학교를 중퇴했고 빌 게이츠도 다니던 하버드 대학을 그만두고 컴퓨터 사업에 뛰어들었죠.

황선찬

내가 아는 어떤 학생은 대학을 포기하고 만화만 그렸어요. 엄마의 걱정에도 아랑곳하지 않고 웹툰 만화에 전념했고 결국 인기작가가 되었죠. 나중에 알고 보니 그 학생도 대학을 포기할 때 많은 고민을 했다고 하더라고요. 대학 간판이 없다는 소외감과 불안감 때문에 밤을 지새우고 코피를 흘려가며 만화에 열정을 쏟은 거죠. 모든 것이 갖춰진 편안한 상태에서 만화를 그렸다면 아마 성공하지 못했을 거라고, 힘든 과정을 이겨냈기 때문에 자기는 쉽게 무너지지 않을 자신이 있다고 하더군요. 그 정도의 노력과 간절함이 있다면 대학 간판보다도 훨씬 낫다고 생각해요. 그 학생만 봐도 인생에 정답은 없는 것 같군요. 자신이 선택한 길을 스스로 정답으로 만들어 나가는 거죠.

황선찬

이제는 실력과 결과물이 대학 간판을 대치할 수도 있어요. 하지만 실력으로 간판을 이기려면 대학에 가는 것의 몇 배의 노력을 할 각오를 해야 해요. 공부보다 쉬워 보여서 뛰어들면 대부분 실패하게 됩니다. 웹툰으로 성공한 그 친구도 평범하게 노력을 했다면 아마 평범 이하의 삶을 살고 있을지도 모르죠.

3. 전자공학 관련 국제변호사가 되고 싶어요

황선찬

용기 있는 선택에 박수를 보냅니다. 우리나라의 변호사는 대부분 문과 출신이어서 이공계통의 소송을 담당하지 못해요. 그래서 이공계 대학 출신을 사무장으로 고용하여 그들이 소송 내용을 검토하고 변호사는 소송 과정만 관리하는 경향이 많아요. 그러니 전문성이 떨어지죠.

우리나라 교육과정은 문과와 이과로 구분되어 있어요. 저는 이것이 학문 간의 소통을 막는 장벽이라고 생각해요. 과학기술은 점점 빠른 속도로 발전하고 있는데 문과적 지식으로는 이 흐름을 따라잡기 힘들죠. 세상은 반쪽짜리 인재를 원하지 않아요.

세상을 유지시키는 건 스페셜리스트지만 세상을 혁신시키는 건 제너럴리스트라는 말이 있어요. 한 분야만 잘하는 인재는 많지만 여러 분야를 아우르는 인재는 많지 않죠.

오대교

그런 측면에서 다양한 분야를 통섭하는 것은 자신의 희소성을 높이는 일이라고 생각합니다.

오대교

황선찬

예를 들어 삼성이 미국의 애플과 분쟁이 발생하면 미국 변호사를 쓸 수밖에 없다고 해요. 우리나라에 전자공학 지식을 가진 국제변호사가 없기 때문이죠. 미국 기업과 소송을 하는데 미국 변호사를 써야 한다니 아이러니하죠. 내가 아는 한 여학생은 전자공학을 전공하고 사법고시를 합격해서 변호사가 되었어요. 경력이 특이해서 졸업하자마자 최고의 로펌에 스카우트되었죠.

그런 의미에서 전자공학 관련 국제변호사가 된다는 것은 획기적인 생각이라고 말하고 싶어요. 물론 문과 출신 변호사가 되어 금융, 보험, 통상 등 문과 분야의 국제 소송을 담당하는 국제 변호사가 될 수도 있겠죠. 하지만, 시대의 흐름에 맞는 이공계 분야 국제변호사가 된다면 훨씬 가치 있는 인재가 될 수 있지 않을까요?

앞으로 인공 지능을 비롯한 다양한 기술들이 발달하면서 이전에는 없었던 법률적인 문제들이 많이 발생할 것 같아요. 그럴 때 이공계 분야에 전문성이 있는 변호사가 있다면 대체 불가능한 인재가 될 수 있을 겁니다.

오대교

황선찬

우리 딸도 현재 약대를 졸업하고 변호사가 되기 위해 로스쿨에 다니고 있어요. 약대를 졸업하면 연구실에서 의약품을 다루지만 변호사가 되면 의약 관련 소송이나 특허 문제를 다루게 되죠. 아직 우리나라에는 이렇게 양쪽을 모두 다루는 변호사가 드물기 때문에 분명히 가치를 인정받으리라 생각해요.

공부톡! 인생톡!

"벽은 막으라고 있는 것이 아니라 넘으라고 있는 것이다."

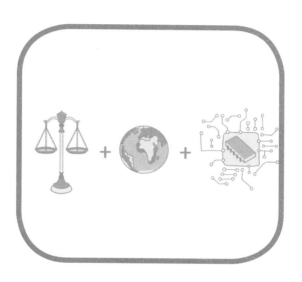

4. 나보다 뛰어난 룸메이트가 부담스러워요

황선찬

한 학생이 미국의 유명 대학에 유학을 갔어요. 같은 한국 학생 3명이 룸메이트가 되었는데 그 2명의 학생이 너무 탁월했던 거죠. 그 학생도 우수한 학생이었음에도 불구하고 아무리 노력해도 따라갈 수가 없는 거예요. 결국, 우울증 증상까지 찾아왔죠.

오대교

흔히 '넘사벽'이라고 하죠. 우수하던 학생이 도저히 넘을 수 없는 벽을 만나면 쉽게 좌절하게 돼요. 그래서 중학교 때 전교 1등만 하던 학생이 특목고나 자사고에 가서 좌절에 빠지는 경우도 많아요.

황선찬

결국 그 학생은 견디다 못해 룸메이트를 바꿔 달라고 상담을 했죠. 그런데 룸메이트를 바꾸는 것은 문제를 회피하는 것에 불과해요.

황선찬

그러면 평생 열등감에서 벗어날 수가 없거든요. 그래서 저는 그 학생에게 같은 전공을 하고 전혀 다른 길을 가는 사람들을 소개해 줬어요. 그랬더니 점점 표정이 밝아졌어요.

그동안 이 학생은 탁월한 친구들의 뒤를 자기가 따라가야 한다고 생각했기 때문에 힘들었던 거죠. 친구들을 못 따라잡으면 영원히 굴레에서 벗어날 수 없는 거죠. 그런데 실제로 사람들을 만나보니까 같은 전공인데도 전혀 다른 일을 하고 있었거든요. 그때 깨달았어요. 방향만 약간 바꾸면 그 친구들은 경쟁자가 아니라 나를 도와주는 엄청난 파트너가 될 수 있다는 사실요.

사실 그런 수준의 파트너를 나중에 영입하려면 엄청난 비용을 들여야 하거든요. 그렇게 생각하니까 지금까지 자신의 앞길을 꽉 막은 것 같던 친구들이 든든한 응원군이 된 거죠. 룸메이트를 바꿨으면 평생 트라우마에 시달렸겠지만 룸메이트를 바라보는 관점을 바꾸니까 평생을 같이 갈 친구를 얻을 수 있었어요.

결국 인생의 길은 한 방향이 아니라는 뜻이군요.

오대교

황선찬

맞아요. 인생길은 360도로 사방이 열려있죠. 학교에서는 '앞으로 갓!' 구령에 맞춰 한쪽만 바라보며 걸었어요. 한번 꼴찌는 영원한 꼴찌였죠. 하지만 사회에 나오면 종종 '뒤로 돌아 갓!'이라는 구령이 나와요. 그러면 꼴찌가 한순간에 일등이 되는 경우도 많아요.

공부톡! 인생톡!

"룸메이트를 바꾸지 말고 룸메이트를 바라보는 관점을 바꿔라."

5. 아빠랑 친구처럼 지낼 수 있을까요?

황선찬

대부분의 아빠들은 자녀들과 친구가 되고 싶어 해요. 그런데 도리어 자녀들이 아빠를 무서워하는 경우가 많죠. 제가 코칭했던 어떤 아빠의 꿈은 딸과 영화 보면서 팝콘을 먹는 것이었어요. 결국, 그 아빠는 그 꿈을 이루고 삶의 새로운 의미를 찾았다고 하더군요.

아빠와 친구처럼 지내려면 함께 이야기할 수 있는 공감대를 만들어 나갈 필요가 있어요. 저도 아들과 사이가 서먹한 편이었는데 히말라야에 두 번 다녀온 후 함께 할 수 있는 공통관심사가 생겼죠. 꼭 큰 것이 아니더라도 괜찮아요. 일상의 사소함을 공유하다 보면 친구처럼 가깝게 느껴질 것입니다.

아빠가 먼저 마음을 열고 다가가기는 조금 어려움이 있을 것 같습니다. 한국 사회에서 아빠는 좀 근엄해야 한다는 고정관념이 있잖아요?

오대교

황선찬

아빠 쪽에서 아이의 눈높이에 맞추는 것도 중요해요. 영화 '올드보이'의 박찬욱 감독의 가훈은 '아님 말고'라고 해요. '근면·성실'과 같이 교훈적인 일반 가훈하곤 다르죠? 실패하더라도 일단 도전하라는 메시지를 아이들의 눈높이에 맞춘 거죠. 이런 아빠라면 친구처럼 남모를 고민도 털어놓을 수 있지 않을까요?

오대교

친구(親舊)는 말 그대로 친하고(親 : 친할 친) 오래된(舊 : 오래될 구) 사이를 말해요. 그렇게 생각해 보면 아빠는 자식이 태어날 때부터 곁에 있어 준 가장 오랜 친구가 틀림없습니다.

황선찬

아빠도 한 명의 인간입니다. 작은 상처에도 고통스러워하고 작은 성취에도 세상을 다 얻은 것처럼 기뻐하죠.

황선찬

하지만 가족을 책임지는 입장이다 보니 감정을 절제할 때가 많아요. 그럴 때는 자식들이 먼저 다가서는 건 어떨까요? 아빠와 자주 대화를 나누고 가능하면 여행도 같이 다녀보세요. 또래 친구들에게서는 느낄 수 없는 행복을 분명히 얻을 수 있을 테니까요.

공부톡! 인생톡!

"아빠는 세상에서 가장 오래 사귄 친구다."

6. 공부할 때 이성 친구는 멀리해야 하나요?

황선찬

이성 친구도 잘 사귀면 동성 친구보다 나을 수가 있어요. 최소한의 시간으로 서로를 배우는 계기로 삼고 서로의 꿈을 응원해 준다면 이보다 더 좋은 자극제는 없을 것 같아요.

내가 아는 어떤 친구는 고등학교를 중퇴하고 검정고시로 대학을 갔는데 여자 친구가 공부하라고 계속 격려해서 좋은 대학을 갈 수 있었거든요. 엄마가 공부하라고 하면 막 화를 내는데 여자 친구가 똑같은 얘기를 하면 순한 양처럼 그 말을 다 듣는 거예요.

그래서 부모도 신기해하면서 이성 교제를 긍정적으로 본 거죠. 똑같은 말도 누가 하느냐에 따라서 다르게 받아들여져요. 도움이 되는 잔소리를 이성 친구를 통해서 할 수 있다고 한다면 그것처럼 효율적인 방법이 없죠.

오대교

실제로 제 친구의 사례가 있어요. 그 친구가 학창 시절에 단과학원이라고 해서 여러 명이 한꺼번에 수강하는 학원에 간 거죠. 그런데 우연히 눈에 띄는 여학생이 있었어요. 그날 이후로 친구의 학원가는 이유가 바뀌게 되었죠.

그런데 그 여학생은 공부를 잘해서 자꾸 상급반으로 올라갔죠. 제 친구가 학원에 다니는 유일한 목적은 그 여학생을 만나는 거였던지라, 여학생과 같은 반에 가기 위해 제 친구도 공부를 하게 되었어요. 그러나 결국 여학생은 상위권 대학에 합격을 했고 제 친구는 재수를 하게 되었어요. 어떻게 해서든 같은 대학에 다니려고 공부를 열심히 해서 재수 끝에 같은 학교에 다니게 되었죠. 이런 사례를 보면 이성 친구도 생각하기에 따라서는 꽝장한 동기 부여가 될 수 있다고 생각합니다.

공부톡! 인생톡!
"이성 친구도 이성적으로 만나면 이상적인 친구가 될 수 있다."

7. 죽고 싶을 땐 어떻게 하나요?

황선찬

사는 것과 죽는 것은 종이 한 장 차이밖에 없습니다. '자살'을 계속 반복하면 '살자.'가 되잖아요? 내가 살아야 할 이유와 죽어야 할 이유를 쭉 적고 죽어야 할 이유가 하나라도 더 많으면 죽고, 살아야 할 이유가 하나라도 더 많으면 산다고 해요.

저는 날마다 '살아야 할 이유'를 하나씩 만들어 가는 것이 성장이라고 생각해요. 그렇게 5년, 10년이 쌓인 사람은 살아야 할 이유가 산더미처럼 쌓여있을 텐데 어떻게 쉽게 자살할 수가 있겠어요?

오대교

황선찬

어떤 사람이 자살을 하려고 강물에 뛰어내렸어요. 구조대원이 와서 구명장비를 던져주니까 죽겠다고 그걸 안 잡는 거예요. 그런데 신임경찰이 안 잡으면 쏘겠다면서 총을 겨누니까 이 사람이 그걸 붙잡더래요.

황선찬

이게 코미디 같지만 사실 삶과 죽음은 동전의 양면 같아요. 잘 살다가 사소한 이유 때문에 죽기도 하고, 죽으려고 마음먹었다가도 별것 아닌 이유 때문에 또 살기도 하죠. 자살 충동을 일으키는 그런 사람들에게도 뭔가 사소한 의미라도 부여해주면 살아갈 희망을 가질 수도 있어요.

듣다 보니 '죽고 싶다.'는 말은 어쩌면 '살고 싶다.'는 간절한 외침일지도 모른다는 생각이 들었습니다.

오대교

황선찬

사람이 견디기 가장 힘든 심적 상태가 '지루함'이라고 해요. 자살 충동이란 아주 위험한 정신적 감정이지만, 역으로 보면 삶의 지루함을 넘어서는 '역동적 감정'이라고도 볼 수 있어요. 자살 충동이라는 극단적 충동을 이겨내면 그 경험이 삶을 열정적으로 살아가게 하는 원천이 될 수도 있어요.

황선찬

'어둠'을 뜻하는 Dark에는 '방주'를 뜻하는 Ark가 들어있어요. 성경에 나오는 '노아의 방주'에서 보듯 방주는 인류를 구원하는 희망을 상징하죠. 흔히 산꼭대기가 안 보이면 정상에 다가선 것이고, 새벽이 오기 전에 가장 어둡다고 말하잖아요? 죽고 싶을 때야말로 어쩌면 삶과 가장 가까운 시기인지도 몰라요.

공부톡! 인생톡!

"짙은 어둠 속에는 구원의 방주가 숨어있다."

8. 골수이식은 생각하기도 싫어요

황선찬

5년 전에 의대생이었던 한 친구가 백혈병으로 골수이식을 받았어요. 그때 그 친구가 생사의 갈림길에서 엄청 힘들어했거든요. 골수이식을 받고 5년 정도 지나니까 몸은 어느 정도 안정되었는데 정신적인 트라우마에 시달리게 됐어요. 그 정도로 골수이식이 고통스러웠던 거죠.

그래서 제가 상처는 숨기지 말고 햇볕에 말려야 낫는다고 말했어요. 골수이식의 트라우마에 시달리지 말고 차라리 '메이크어위시(Make A Wish)'라는 재단에서 불치병 어린이 소원 들어주기 봉사를 하라고 했죠. 거기는 백혈병 어린이도 많이 있어요. 이제 그 아이들의 소원을 들어주는 일을 하고 있어요.

처음에는 큰 관심 없는 듯 했지만 결국 그 친구로부터 봉사활동을 하고 싶다고 전화가 왔어요.

황선찬

그곳에서 봉사활동을 하면서 골수이식의 악몽 같은 트라우마에서 완전히 벗어나게 되었지요. 트라우마를 피하지 않고 정면으로 뚫고 지나갔기 때문입니다.

오대교

트라우마가 꼭 나쁜 것만은 아닙니다. 그대로 머물면 안 되겠지만 그것을 극복하면 진정한 성장을 이룰 수 있거든요. 저도 예전에 공부를 못했던 것이 트라우마였어요. 거기에 멈췄으면 발전이 없었겠지만 지금 이렇게 수능 강의를 하고 있잖아요? 단점이라고 하더라도 지속적인 노력을 통해서 충분히 바꿔나가는 과정이 있어야 궁극의 성장이 있는 것 같습니다.

황선찬

자전거를 타 본 사람은 알아요. 자전거가 한쪽으로 쓰러지려고 할 때 반대편으로 핸들을 틀면 쓰러져요. 쓰러지는 쪽으로 핸들을 유지하면서 페달을 밟아야 쓰러지지 않습니다.

황선찬

이순신 장군께서 말씀하셨죠? 살고자 하면 죽고, 죽고자 하면 살 거라고. 가장 두려운 그것을 직시하고 그쪽으로 뛰어들어야 살 수 있어요.

학창 시절에는 실패라는 게 없어요. 단지 실패를 '경험'하는 거죠. 우울증 환자는 우울증에 빠지면 빠진 순간부터는 못 벗어나요. 발버둥을 치면 칠수록 더 깊이 빠져들죠. 거기서 벗어날 수 있는 유일한 방법은 우울한 감정이 일어날 때 "아, 나는 우울한 것을 경험하고 있는 거야." 이렇게 계속 외치는 겁니다. 자신의 감정에 매몰되지 않고 거리를 둔 관찰자가 되어보는 거죠.

공부톡! 인생톡!

"상처는 숨기지 말고 햇볕에 말려야 사라진다."

청소년 시기는 미래에 대한 가능성으로 가득한 시기이다. 또한, 학업에 대한 고민이 많은 시기이기도 하다. 고등학교 현장에 가보면 많은 학생들이 "고3 때 수학 0점에서 어떻게 수능 전국 1등을 했나요?"라고 묻는다. 그 비밀은 수능 출제기관인 한국교육과정평가원에서 발표한 객관적인 자료에 숨겨져 있다.

수능시험을 10회 응시하고, 21년 동안 수능강의를 하면서 깨달은 것은 객관적인 자료를 바탕으로 공부를 한다면 누구라도 30일 안에 1등급으로 향상할 수 있다는 것이다. 하지만 여전히 많은 학생들이 막연한 '감'으로 수능을 준비하는 모습을 지켜보면서 안타까움을 느껴왔다.

나는 항상 학생들에게 수능의 '본질'을 이해하면, 대입의 90%는 해결된다고 말한다. 수능시험은 고등학교 교육 과정 내에서 출제되는 범위가 제한된 시험이다. 또한, 과거 기출문제 자료를 통해 출제 과정부터 문제 유형 및 개념까지 모든 자료가 공개된 시험이다. 따라서 객관적인 데이터를 철저하게 분석하여 효과적인 방법으로 공부하면 누구나 성적을 올릴 수 있다.

내가 내린 결론은 기출문제를 활용한 30일 단위로 공부하는 것이다. 수능은 지식의 절대량을 평가하는 시험이 아니라 자료 분석 능력을 평가하는 시험이다. 과거의 기출문제를 공부해 본 학생이라면 비슷한 문항이 반복적으로 출제된다는 사실을 쉽게 파악할 수 있다.

　수능에서 한 등급을 결정하는 점수는 10점 내외이다. 한 문제의 배점이 3~4점인 것을 감안하면 고작 3문제가 등급과 대학을 가르는 것이다. 반드시 출제되는 3~4문제를 선택, 30일 단위로 집중적으로 공부하는 방법이 현 대입제도의 수능시험을 준비하는 최상의 방법이 될 것이다.

　꿈을 향해 도전하는 학생들에게 오늘의 노력은 반드시 합격이라는 선물을 안겨줄 것이라 확신한다.

모든 수험생들의 건승을 기원하며
2022년 여름 수능 교육 전문가
오 대 교

얼마 전 모 중학교 1학년 150명 정도의 학생들을 대상으로 강의를 했다. 인솔하는 선생님이 계신데도 바닥에 드러눕거나 양말이 벗겨져 나뒹굴고, 산만하게 뛰어다녀서 정상적인 강의를 할 수 없었다. 이러한 학생들을 매일 다루어야 하는 선생님들은 얼마나 힘들까? 하는 생각이 들었다.

한편으로는 학생들의 넘쳐나는 에너지가 부러웠다. 사소한 일에도 울고 웃는 천진한 모습을 보면서 나도 중학생 때로 돌아가고 싶었다. 그 에너지와 호기심이 공부가 아닌 엉뚱한 일에 낭비되는 것이 안타까웠다. 그래서 어떻게 하면 학생들이 공부에, 인생에 관심을 가지게 할 수 있을까 고민했다.

한 고등학교 1학년 남학생이 물었다. "저는 로봇 만드는 일을 하고 싶습니다. 그런데 부모님은 대기업 취직에 유리한 학과를 선택하라고 하는데 어떻게 해야 할까요?" 그래서 나는 답했다. "부모님의 뜻을 존중하되 본인의 뜻대로 하면 된다. 가슴이 따뜻한 로봇을 만들면 좋겠다." 강의가 끝난 후 그 학생이 찾아와서 너무 고맙다며 포옹을 한번 해보고 싶다고 했다.

강원도에 사는 고등학교 2학년 학생은 "정말 간절히 원하면 이루어지나요? 남극 여행을 간절히 원해도 경제적 · 시간적인 제약이 있는데 어떻게 가능해요?"라고 물었다. 그래서 나는 세부적인 계획을 세워서 실행하면 생각지도 않은 곳에서 돈이 생기기도 하고, 주위에 간절함이 지속적으로 전해지면 주위 사람들이 도와줘서 반드시 이루어진다고 말해주었다. 그 학생도 고맙다며 인증샷을 부탁했다.

 별로 해준 것 없이 학생들의 고민을 들어주었을 뿐인데 너무나 고마워한다. 사실 공부와 공부 이외의 길은 늘 공존하고 있다. 시간이 지나면 결국 두 길이 아니라 하나의 길임을 알게 된다. 한번 뿐인 인생, 한번 지나가면 다시 오지 않는 학창 시절에 어떤 것이든 흥미를 갖고 그 시간을 만끽하길 바란다.

학생들이 인생을 즐기길 기원하며

2022년 여름 드림 메신저

황 선 찬